C'est dans le calme et le silence que l'on retrouve les forces de la création et de la guérison

Ahmed, Y. Douhou

Éditions *dhArt*

Québec/Ontario, Canada, Novembre 2015

www.inaedad-rieasda.net/dhArtEditions

dhArt-Editions@inaedad-rieasda.net

AHMED YVES DOUHOU

Sociétés

L'AUTO-OBSERVATION

RENAÎTRE À NOUVEAU

Changer sa personnalité
Redessiner son avenir

Éditions *dhArt*
Québec/Ontario, Canada

ISBN: 978-2-924097-33-5

Les Éditions *dhArt,*

Québec/Ontario, Canada

Déjà parus:

H. DRAME, Art, SYMETRIE & VIE
ISBN : 978-2-924097-30-4

MARIE-LÉONTINE TSIBINDA ; SEIGNEUR, JE RÉVEILLERAI L'AURORE
ISBN: 978-2-924097-27-4

H. DRAME, EXISTENCE
ISBN : 978-2-924097-23-6

H. DRAME, ERREMENTS!
ISBN : 978-2-924097-16-8

H. DRAMÉ, CONSTATS
ISBN: 978-2-924097-08-3

A. DIARRA; THERAPIE POETIQUE
ISBN 978-2-924097-18-2

N. K. MITOND; CONFESSION INTIME
978-2-924097-22-9

H. DRAMÉ; SOCIETES: DESTIN ET PENSEES CONTEMPORAINES
ISBN 978-2-9811970-8-5…

Catalogage avant publication de Bibliothèque et Archives nationales du Québec et Bibliothèque et Archives Canada

Douhou, Ahmed Yves, 1976-

L'auto-observation : renaître à nouveau : changer sa personnalité, redessiner son avenir

En tête du titre : Sociétés.
Comprend des références bibliographiques.

ISBN 978-2-924097-33-5

1. Introspection. 2. Changement (Psychologie). 3. Connaissance de soi. I. Titre.

BF316.D68 2015 153 C2015-942511-5

Dépôt légal – Bibliothèque et Archives nationales du Québec, 2015
Dépôt légal – Bibliothèque et Archives nationales du Canada, 2015

Page couverture: œuvre d'art de Harouna DRAMÉ
©dhArt

Écriture achevée à Montreal, Québec, Canada, 2015

Sociétés

L'AUTO-OBSERVATION

RENAÎTRE À NOUVEAU

Changer sa personnalité
Redessiner son avenir

Éditions *dhArt*
Québec/Ontario, Canada

ISBN: 978-2-924097-33-5

Préface

A travers son expérience personnelle, **Ahmed Yves DOUHOU**, sportif émérite ivoiro-français-canadien soulève toute la problématique de l'éducation et du changement de soi par la dissolution de l'ego-mental. La recherche de la connaissance et la prise de conscience de soi-même pourraient être atteintes à travers la méditation et les techniques qu'il propose. Des techniques éprouvées permettant de vaincre les implants négatifs ou involutifs hérités ou acquis, programmés subtilement dans le subconscient, dès le bas âge même, et de recouvrir la pleine confiance en soi, afin d'atteindre la paix intérieure, la sérénité, la liberté, la réussite sociale, le bonheur et le progrès social.

L'objectif de cette œuvre magistrale d'introspection est de contrôler la négativité, l'agressivité, l'intolérance, la violence, la peur, la terreur, la haine, la culpabilité, la médisance, les croyances obscurantistes et la léthargie… afin de mettre toute la lumière divine en soi et profiter pleinement des bienfaits que procure la vie.

La méthode de l'auto-observation qu'il préconise se présente comme un scanner et un outil puissant de thérapie des vicissitudes de la vie qui permet de remédier à toutes les faiblesses accumulées et les affects négatifs qui handicapent l'ascension de l'être à un mieux-être spirituel et de jouir d'une vie harmonieuse! Selon l'auteur ***« Il y a à l'intérieur de nous une force incroyable qui dicte notre comportement, notre attitude et nos actions »***, et ***«tout peut se vaincre de l'intérieur et non de l'extérieur !?»***

L'auto-observation ou l'observation intérieure consciente, honnête et sincère est à même de vaincre les obscurantismes, c'est-à-dire les facteurs d'involution de l'être humain et de parfaire les interactions sociales! Il s'agit tout simplement de synchroniser ses pensées et ses désirs de manières sincères et positives avec les lois du jeu cosmique sous la gouverne`absolue du « ***champ quantique***».

C'est en activiste spirituel motivé, déterminé et altruiste, qu'il met son vécu personnel et ses connaissances à la disposition de l'humanité afin de contribuer à la paix, à l'amour, à l'harmonie et au bien-être.

Dr. Harouna DRAMÉ,
CEO, Editions-d*hArt*
Montréal, Québec, Canada,
Novembre 2015

Dédicaces

Ce livre est dédié à mes trois filles, **Alison**, **Mia et Clara DOUHOU**; à mon épouse **Stéphanie LAÎTRE** qui a toujours été là pour m'encourager dans mes projets. Je ne peux que m'incliner devant cette grande chance d'être entouré par ma famille. Elle me procure beaucoup d'énergie dans ma quête de la sagesse.

À toute ma famille en Côte d'ivoire dont je tire toute mon inspiration pour l'écriture de ce livre destiné aux personnes en situation difficile afin qu'elles puissent y trouver compassion et une issue de sortie à leurs situations difficiles. Nous sommes tous confrontés à l'adversité et ce livre apportera certaines réponses à tous ceux qui souhaitent changer leur vie. Je sais au plus profond de moi que, aider les autres, c'est s'aider soi-même. Voilà la raison pour laquelle je me suis penché sur l'écriture de ce livre.

Ahmed Yves DOUHOU

Courte biographie

Athlète émerite ivoiro-francais-canadien[1], **Ahmed Yves DOUHOU** detient le titre de champion du monde du relais 4x 400 mètres à Paris en 2003[2]. Il a participé sucessivement aux jeux olymiques d'Atlanta (1996), de Sydney (2000) et d'Athènes

---

[1]a- Athlètes Ivoiriens: Gabriel Tiacoh, Ibrahim Meité, Gaoussou Koné, Ahmed Douhou, Éric Pacôme N'dri, Amadou Meité, Yves Sonan; Eds. Livres Groupe; General Books LLC, 2010 - 24 pages

b- Ahmed Douhou (né le 14 décembre 1976 à Bouaké) est un ancien athlète ivoirien, devenu français en 2002, spécialiste du 200 m1.

Il remporte la médaille de bronze du relais 4 x 400 m lors des Championnats d'Europe 2002, avec ses coéquipiers Leslie Djhone, Naman Keita et Ibrahima Wade.

Avant de devenir Français, il a contribué au record de Côte d'Ivoire du relais 4 x 100 m, en 38 s 60, lors des Championnats du monde 2001 à Edmonton (équipe composée de Ibrahim Meité, Yves Sonan et Éric Pacôme N'Dri).

http://www.africanaute.com/fan/personnalite/209-ahmed-douhou

c- L'équipe de France pour les JO d'Athènes

http://www.eurosport.fr/jeux-olympiques/athenes/2004/l-equipe-de-france_sto624332/story.shtml; *Le 11/06/2004 à 18:44*

[2] Lettre de félicitations de M. Jacques CHIRAC Président de la République adressée à Ahmed DOUHOU médaillé d'argent du relais 4x400 mètres lors des Championnats du monde d'athlétisme (Saint-Denis)

http://www.jacqueschirac-asso.fr/archives-elysee.fr/elysee/elysee.fr/francais/interventions/lettres_et_messages/2003/aout/fi001687.html

(2004) en athletisme; il est detenteur d'un Brevet d'Etat d'activités sportives du centre CREPS (Centre régional d'éducation Physique et sportive) et diplômé d'etudes supérieur des forces commerciales du CCI de Limoges (France). Au Canada, où il vit avec sa famille, il est Porte-parole et Chargé de projets au Comité d'action local de Vaudreuil-Soulange, consultant sportif, Expert en Self-défense (ceinture noire 3ème Dan de Karaté) et Conférencier en développement personnel.

Depuis, 2012, Ahmed Yves DOUHOU est Entrepreneur et Directeur des opérations de l'ACADÉMIE D SPORT, un organisme de promotion des saines habitudes de vie et du développement personnel qui offre des services aux municipalités, aux gens d'affaires, aux commissions scolaires[3] du Québec et sur le plan international.

---

[3] L'ex-athlète olympique Ahmed Douhou au Camp Bosco Publié par INFOSuroit.com le 23 juillet 2013 http://www.infosuroit.com/l-ex-athlete-olympique-ahmed-douhou-au-camp-bosco/

Ce livre presente ses convictions, ses vertus humaines, ses talents et ses croyances. En tant que Conférencier en motivation, coach en développement personnel, Consultant sportif et Entrepreneur, il inspire beaucoup les jeunes et les adultes dans sa façon d'être, dans sa vision humaine du monde et de la vie.

Avant-propos

J'ai quitté mon pays natal la Côte d'Ivoire à l'âge de 17 ans pour une carrière sportive de haut niveau en athlétisme en France. J'ai dû faire face aux vicissitudes de la vie d'immigrant tout en les surmontant par l'esprit d'endurance, de patience et de confiance empreint de spiritualisme. Les expériences acquises qui m'ont fait devenir ce que je suis aujourd'hui font l'objet de ce livre, mais dont une partie a déjà été élaborée dans mes conférences de motivation à travers le monde. Devenu immigrant illégal ou sans papier infortunément avec tous les désagréments socioprofessionnels que cela implique, je trouvai refuge dans la foi, dans la dynamique de l'auto-observation qui permit de me construire une ossature à toute épreuve ; ma situation malheureuse se transforma inopinément en une espérance de vie heureuse incroyable que je partage solidairement avec l'humanité, avec tous ceux qui vivent dans le désespoir et le désarroi de la vie !

L'obtention de la citoyenneté française, le décrochage du titre de champion du monde du relais 4x 400 mètres en 2003, les participations successives stimulantes aux Jeux Olympiques d'Atlanta (1996), de Sydney (2000) et d'Athènes (2004), confirmeront mes propos que tout s'obtient de l'intérieur de l'être humain dans une posture de conviction sincère, d'honnêteté et de confiance. La réussite dans la vie passe par un état d'esprit fort, une planification rigoureuse et une confiance absolue en soi.

Ce livre se veut un vade-mecum pour toutes les personnes désireuses d'atteindre des objectifs dans leur vie en puisant dans la force de leur imagination. J'interpelle ici l'humanité sur l'importance de l'auto-observation, sur la méditation comme moyen ultime de renaître à nouveau, de changer leur personnalité et de redessiner sereinement et radieusement leur avenir. Un chemin sans doute moins fréquenté, mais dont je témoigne la véracité et la nécessité depuis 20 ans que je m'y adonne. Indubitablement, nous sommes les artisans de notre propre réalité, et se connaître soi-même en apprenant à consulter cette présence éveillée extraordinaire et généreuse qui sommeille en chacun de nous, est une avenue salvatrice.

Etabli au Canada depuis depuis, 2012, devenu entrepreneur par la grâce du destin, je dirige l'ACADÉMIE D SPORT, un organisme de conseils sportifs et de développement personnel. Nous faisons la promotion des saines habitudes de vie, en offrant des services aux municipalités, aux gens d'affaires, aux écoles du Québec et sur le plan international. Vous êtes les bienvenu (e)s.

L'AUTO-OBSERVATION

RENAÎTRE À NOUVEAU

Changer sa personnalité
Redessiner son avenir

INTRODUCTION

Nous avons une grande conscience ancrée en nous depuis notre naissance. C'est une force incontestable dans le déroulement de notre vie. Cette conscience profonde est notre **présence éveillée** dont on parle tous les jours dans les livres et dans certaines conférences de motivation. Bon nombre de personnes se heurtent à des difficultés sans savoir exactement ce qui leur arrive. On nous parle de changer notre attitude ou avoir des pensées positives pour créer de nouvelles expériences. Mais avant de faire ce changement, ne devons-nous pas comprendre ce qui se passe réellement en nous pour enclencher le processus du changement, de la guérison et de la création ? Ne devons-nous pas comprendre qu'il faut toujours réparer ou comprendre les choses avant de songer à un renouveau ? Nous allons rechercher et comprendre ensemble comment nous pouvons cultiver une bonne confiance en soi et comment nous pouvons nous guérir et créer notre avenir à travers cet ouvrage de quelques pages qui dévoile deux techniques du changement et de la création. Bien évidemment, il ne suffit pas seulement de comprendre le processus, il vous faut aussi le mettre en pratique dans le but d'obtenir de bons résultats. Il vous faut toujours expérimenter. Le bouddha disait ceci : « *Agissez comme les joailliers qui examinent l'or en le martelant, en le coupant, en le vérifiant de différentes façons. Voyant si cet or est vrai ou faux en le chauffant. Exactement de la même manière, ne croyez pas, n'acceptez pas mon enseignement simplement parce que vous avez du respect ou de l'amour envers moi. Ce n'est pas une raison suffisante pour croire en mon enseignement. Il faut que vous le mettiez en pratique et que vous le testiez. Si vous avez le sentiment qu'il est pratique, si vous sentez que cela apporte bonheur et santé dans votre cœur et dans votre esprit, alors vous pourrez à ce moment même l'accepter et le suivre. En pratiquant peu à peu, vous comprendrez si c'est vraiment bénéfique ou non. Si cela ne vous attire pas, alors laissez tomber il n'y aura pas d'objection.* »

Vous êtes le seul capitaine de votre bateau.

Vous êtes le seul capitaine de votre bateau. Le libre arbitre vous enseigne cela. Vous pouvez décider de grandir ou de rester à ne rien faire. Tout ce que vous vivez aujourd'hui est tout simplement la conséquence d'un choix, votre choix, et souvent des choix et des actions inconscientes. Si votre résultat ne vous convient pas, alors vous devez changer les choses maintenant. Sachez que les choses viennent toujours de l'intérieur de vous, pas de l'extérieur. Tout se dessine à l'intérieur, l'extérieur n'est que le résultat de l'intérieur. Prenez le soin de comprendre qui vous êtes en réalité et vous connaitrez votre vraie nature. Connaître sa vraie nature, c'est comprendre une partie du mystère de la vie. Nous ne pouvons pas tout connaître, tout comprendre ; mais nous pouvons assimiler les choses à travers nos expériences. C'est cela, le vrai secret, la vie est faite d'expériences. Elle est toujours en mouvement, elle ne doit jamais être statique sinon vous stagnez, vous pataugez. C'est à vous de faire bouger les choses à travers vos expériences, vos connaissances. Ce petit quelque chose caché en vous qui vous rend unique, demande tout simplement que vous le consultiez constamment pour qu'il puisse vous aider à accomplir des choses extraordinaires. Ne le cherchez pas ailleurs, il est là, tout près, il est en vous car vous êtes lui. Lorsque vous allez prendre un peu de recul sur vous-même, vous allez pouvoir rebondir comme un fauve affamé. La solution, c'est vous.

Mes nombreux voyages à travers le monde lorsque j'étais athlète m'ont permis de rencontrer des gens extraordinaires qui m'ont éveillé sur certaines questions de la vie. Particulièrement sur la question de la réalisation de soi. J'ai continué ma quête à travers certains ouvrages de spiritualistes, de philosophes et de scientifiques célèbres dans le but d'approfondir mes connaissances. Mes efforts m'ont apporté la certitude que nous sommes tous des êtres exceptionnels, de véritables grands champions. J'ai personnellement vécu des expériences extraordinaires qui m'ont démontré la puissance de notre force, celle cachée en nous.

Malheureusement le monde ne nous apprend pas cela. En effet, nous sommes loin de douter que chacun de nous a le potentiel de faire de belles et de grandes choses, mais ce monde rude nous met au pied du mur. Je suis heureux de vous dire que vous allez commencer une lecture d'une grande importance qui vous permettra de vous ressaisir et de faire face aux obstacles. Je vous invite toujours avec joie à lire et à analyser les quelques pages que je soumets à votre attention. Ensuite pratiquez ce que vous avez lu, et vous verrez comment il n'est pas compliqué de retrouver votre grandeur. Le secret, c'est la connaissance de soi pour transcender les forces extérieures (stress, angoisse, anxiété, peur, maladie) de notre réalité.

Une inscription au seuil du temple de Delph en Grèce nous apprend une grande vérité : « **Connais-toi toi-même et tu connaîtras l'univers et les Dieux ».** J'ai volontairement réduit le contenu de ce livre pour que vous puissiez avoir des informations claires, précises et sans ambiguïtés. Ce manuel est le vôtre, il pourra vous suivre partout sans vous alourdir. Faites-en votre nouveau petit compagnon.

Commençons maintenant notre aventure du changement et de la réalisation de soi.

Bonne lecture.

LE DEBUT DE NOTRE PROGRAMME

Tout commence à la naissance

> Croyez-vous que vous avez assez d'audaces pour relever les défis ? Qui êtes-vous en réalité intérieurement ? Quelle est l'image que vous avez de vous en général?
> Toutes les questions ont une réponse cachée au fond de vous.

Nous naissons tous dans un environnement familial différent. Certains naissent dans des familles aisées, d'autres non. Certains naissent dans un environnement paisible et malencontreusement d'autres naissent dans des lieux de guerre et de dictature. A priori, tout enfant naît avec un potentiel de réussite. Malheureusement dès qu'il se retrouve dans la société, il devient vulnérable. Son cerveau se met à la conquête du savoir, de la connaissance, tout cela à partir de son environnement et des personnes qui l'entourent. La grande programmation est en marche.

Les cellules du cerveau (neurones) de l'enfant s'activent à une vitesse impressionnante en créant des réseaux neuronaux. Les réseaux en place sont la conséquence d'une observation profonde et d'une association faites par l'enfant dans son nouvel environnement. Cet environnement dans lequel l'enfant évolue exerce une influence capitale sur lui. La grande observation, c'est-à-dire tout ce que l'enfant voit, tout ce que l'enfant lit, tout ce que l'enfant entend a une incidence sur son esprit. Avez-vous déjà eu des commentaires positifs ou des commentaires négatifs à votre sujet lorsque vous étiez enfant ? Avez-vous vécu dans une famille dans laquelle la joie de vivre était au rendez-vous ou au contraire avez-vous baigné dans une famille dans laquelle régnait la haine, le mépris, la violence, le déshonneur, l'anxiété le stress, la peur, etc. Notre cerveau est un organe très puissant qui analyse et enregistre tout durant les premières années de notre vie, rien ne lui échappe.

Avant l'âge de sept ans, le cerveau va se permettre de forger à sélectionner les expériences chargées d'émotions et celles qui ont été répétées encore et encore pour créer en vous un **programme**. Un programme tellement puissant que vous en serez une victime ou un bénéficiaire dans les années à venir. Lorsque vous franchirez la barre des sept ans, un nouveau phénomène apparaîtra, celui de votre esprit d'analyse (le filtre), l'esprit conscient. Avec votre esprit conscient, vous aurez cette faculté de pouvoir décider, examiner, réfléchir, analyser, critiquer, prendre des décisions. Selon le résultat de vos réflexions, elles seront considérées comme vraies ou fausses et transmises directement à votre subconscient (votre programme) qui lui regorge déjà des informations venant de votre entourage. Il y a une chose que vous devez savoir, le cerveau limbique (cerveau émotionnel) et le cervelet sont la partie subconsciente. Ils sont imprégnés d'informations qui forment votre **image personnelle**, c'est-à-dire votre programme que nous nommons communément « croyance ». Le programme contient aussi les comportements appris en observant les autres (parents, amis, professeurs).

Une croyance, c'est ce que vous avez accepté et en quoi vous avez foi. Croyez-vous que vous êtes une personne incapable de faire des choses bien ? Croyez-vous que vous avez assez d'audaces pour relever les défis ? En réalité, qui êtes-vous intérieurement ? Quelle est l'image que vous avez de vous-même en général ? Toutes les questions ont une réponse cachée au fond de vous. Les psychologues disent que c'est notre programme (croyance, comportement) qui nous définit et qui dirige 95% du temps, nos actions, notre attitude, nos pensées. Nous décidons les choses en fonction du programme encré en nous. Vous me poserez la question, où sont les 5% restants ? Et bien les 5% restants, c'est notre esprit conscient, la partie créative, qui raisonne, analyse. L'esprit conscient nous permet de créer notre vie et les 95% représentent le pilotage automatique qui nous manipule lorsque nous n'avons plus le contrôle de certaines situations. Certains diront que ce sont les habitudes des autres que nous avons condensées en nous qui nous dirigent. Le programme est votre micro-processeur, c'est votre **image personnelle**.

Notre image personnelle

> L'image personnelle est la clé fondamentale de la compréhension du comportement humain.

Notre programme crée en nous notre image personnelle. Des enfants traités de vauriens par leurs parents ou leurs professeurs se convaincront qu'ils sont ce qu'on pense d'eux. Je me rappellerai toujours ce que me disait un de mes professeurs à mon sujet. Il affirmait que j'étais un enfant nonchalant, et que je n'avais pas les capacités de réussir dans le sport. Quelques années plus tard, un autre professeur d'éducation physique découvrait en moi des aptitudes physiques qui m'ont permis les années suivantes de quitter mon pays d'origine, la Côte d'ivoire, pour finalement me qualifier pour les Jeux Olympiques d'Atlanta en 1996. L'affirmation que les autres nous portent, ne nous fait pas réagir selon la réalité, mais selon notre perception de voir et de comprendre les choses, tout cela par la force de notre programme. Notre perception des informations reçues définira notre conception de soi. **L'image personnelle** est la clé fondamentale de la compréhension du comportement humain. Si vous réussissez à la changer, vous changerez automatiquement votre personnalité, votre attitude et votre comportement. C'est le fondement même de notre réussite ou de notre échec.

Vous me poserez la question suivante : si cela était aussi simple, pourquoi est-ce si difficile de changer ? En réalité, c'est un travail qui demande beaucoup d'ouverture d'esprit, de volonté et de persévérance, car changer, c'est changer aussi de personnalité. Nous sommes très souvent esclave de notre programme sans même le savoir. Si vous avez la volonté de changer et que votre programme ne vous donne pas accès aux commandes de votre vie, vous vous retrouverez au même point de départ. Ce processus affecte bien évidemment votre moral. Pour vous en sortir, vous devez d'abord comprendre comment vous avez crée ce satané programme pour ensuite le désactiver et réinstaller un nouveau programme qui sera celui que vous aimerez avoir, c'est à dire votre nouvelle image personnelle, votre nouvelle personnalité. Mais comment faire cela ?

Nous voilà à une première étape qui nous permettra de comprendre les choses plus en profondeur. C'est l'étape de la communication **esprit-corps**.

Esprit et corps communiquent ensemble.

Nous ne pouvons pas véritablement définir notre esprit. On dit que l'esprit est sans forme, immatériel et d'une grande puissance vibratoire. Selon les neurosciences, notre esprit utilise notre cerveau pour s'exprimer. Notre cerveau nous permet donc de penser, de nous mettre en action et d'être ce que nous sommes grâce aux processus chimiques neuronaux qui s'y produisent. Prenons l'exemple d'une personne qui a eu une enfance difficile, une personne qui a perdu toute confiance en elle ; elle essayera de

> Notre cerveau nous permet de penser, de nous mettre en action et d'être ce que nous sommes.

tout son être de trouver la confiance, malheureusement, elle n'y arrivera pas malgré ses efforts ; elle se découragera et abandonnera toute tentative de vouloir changer.
Comme vous le savez maintenant, cette personne véhicule une **image personnelle négative** suite aux expériences de son enfance. On dira qu'elle a une mauvaise perception d'elle-même, ce qui engendre un manque de confiance et une **pauvre estime de soi**.

Regardons ensemble ce qui se passe dans le cerveau de cette personne. Pendant son enfance, elle a reçu des affirmations négatives qui se sont installées dans son subconscient. Le filtre qui nous permet d'analyser les informations extérieures n'existait pratiquement pas encore avant l'âge de 7 ans. Alors toutes les affirmations venant de ses parents se sont enfouies directement dans la partie implicite du cerveau comme l'eau limpide qui coule d'une fontaine. Les informations répétées : « **Tu es nul** » ou du même ordre ont créé un réseau neuronal qui va toujours s'alimenter à partir de l'affluence négative des commentaires des parents et de l'entourage.

En ce qui concerne la communication esprit-corps, le réseau neuronal va déclencher une énergie (substance chimique) dans tout le corps. Les cellules de notre corps sont dotées d'une grande intelligence et communiquent entre elles. Elles vont s'accaparer l'information négative, **« Tu es nul »** pour en faire leur propriété. Dans toute cette mécanique, les cellules du corps vont communiquer avec le cerveau (l'esprit) pour lui confirmer qu'elles ressentent exactement ce que le cerveau a accepté comme vrai (Croyance). Finalement, tout le corps s'exprimera par une grande émotion**,** évidemment **négative**. Bien entendu, elle se sentira incapable de faire des choses et même incapable de réagir face à de belles opportunités. Tout semble statique, rien de nouveau ne se passe dans sa vie.

Cette activité à travers les cellules fera que le corps de la personne va se lier à la partie implicite du cerveau (subconscient) pour en faire une partie intégrante. Son esprit

> Corps et cerveau (esprit) ne font qu'**UN** dans un grand tout.

subconscient et son corps seront en parfaite harmonie sur le facteur d'incapacité. Corps et cerveau (esprit) ne font qu'**UN** dans un grand tout. Cette communication corps-esprit sera tellement forte, que la souffrance engendrée devient une nécessité qui s'impose à l'être entier. Toujours alimenté par le même processus d'incapacité, tout devient normal pour la personne qui vit cette expérience. Le circuit neuronal d'incapacité se solidifie encore et encore pour renforcer **l'image personnelle négative** de la personne. Rien ne pourra changer si cette personne laisse le circuit neuronal connecté en permanence. C'est aussi un parfait exemple pour les personnes alcooliques, les fumeurs, les personnes violentes, etc.

Si un jour, la personne décide de vouloir changer les choses, parce que tout ce processus engendre échec, destruction, détresse, mal-être ; elle devra mettre en place un processus pour déconnecter le circuit neuronal d'incapacité. Non seulement elle devra déconnecter le circuit neuronal (le programme), mais elle devra se reconnecter avec un nouveau circuit qui portera l'affirmation : « **Je suis capable** ».

Pensez-vous qu'il suffit de se répéter inlassablement l'affirmation **« je suis capable »** pour changer le programme ? Evidemment que non. Nous voilà dans la deuxième partie importante de notre aventure que nous devons assimiler avant de commencer notre changement. Il s'agit de la connaissance de **l'activité électrique** du cerveau. Grâce à un puissant appareil, l'électroencéphalographe (EEG), nous pouvons voir les différentes évolutions de notre cerveau.

LA PUISSANCE DE L'ACTIVITE CEREBRALE

Le monde Delta, le monde obscur

Notre cerveau est un organe qui a la faculté de télécharger beaucoup d'informations. C'est un organe extraordinaire qui cache encore des secrets. Les scientifiques nous disent que nous n'utilisons que 10% de ses capacités. Il garde en mémoire nos comportements et nos croyances grâce à son activité électrique fluctuante. Comme je vous l'avais mentionné, cette activité se mesure avec un électroencéphalogramme (**EGG**), une espèce d'imagerie électrique.

Revenons un peu en arrière, à la naissance d'un bébé comme mentionné dans le premier chapitre. Les chercheurs ont découvert qu'un bébé naît avec une activité cérébrale de basse fréquence ou ondes **Delta**, activité d'une fréquence qui va de 0,5 à 4 cycles par seconde (Hz). Cette fréquence **Delta** est très prononcée entre la naissance et l'âge de 2 ans. Les adultes ont aussi cette fréquence lorsqu'ils sont en phase de profond sommeil.

A 1 an, l'enfant est éveillé mais il est en majorité en ondes **Delta**. L'état **Delta** est en réalité un état léthargique. C'est pour cette raison que les bébés dorment beaucoup. Lorsque l'enfant grandit, c'est-à-dire entre 2 et 6 ans, l'activité se modifie en augmentant de fréquences. Cette nouvelle fréquence représente les ondes **Thêta** (4 à 8 Hz).

Le monde Thêta, le monde de l'imagination

En mode **thêta**, l'enfant est dans son monde intérieur. Un monde intérieur qui lui permet d'être dans son imagination sans pour autant être déconnecté du monde extérieur. Dans cet état, il est ouvert à toute suggestion venant de son environnement extérieur sans s'y opposer car le filtre est sous silence. On dit que le cerveau est comme une **éponge** qui absorbe toutes les informations. Vous avez sans doute déjà entendu cette expression familière. L'état **Thêta** est utilisé en hypnose pour emmener les patients dans un état profond de somnolence afin que ceux-ci puissent être en état d'ouverture d'esprit (suggestibilité). Il est de même dans la méditation très poussée dans laquelle les pratiquants se retrouvent dans cet état pour retrouver la présence éveillée. En tant que pratiquant de méditation depuis plus de 20 ans, il m'arrive d'être en mode **Thêta** très rapidement grâce à une pratique ardue et régulière. Imaginez que vous avez un enfant de moins de 7 ans à qui répétez qu'il est bon à rien, vous lui rappelez cela à chaque fois qu'il commet une petite erreur. Que pensez-vous qu'il lui arrivera dans les années à venir ? Il est indéniable que l'état d'ondes **Thêta** favorisera l'impression rapide de vos affirmations dans son cerveau car les ondes **Thêta** sont des ondes lentes qui sont du domaine du subconscient. Nous sommes tous passés par cette phase d'ondes **Thêta** qui nous permet d'acquérir des comportements, des attitudes, des croyances qui nous viennent de nos parents grâce à nos 5 sens. Nous devenons nous-même le reflet de nos parents par le biais des croyances communes. Notre cerveau élabore un système de comportements dans sa partie implicite (subconscient) qui va contrôler plus tard notre vie. Le docteur Bruce Lipton, considéré comme étant un des grands scientifiques de la biologie moderne mentionne ceci : « *En tant que parent, nous devons être conscient que nos agissements peuvent être un frein au développement de nos enfants. Les affirmations positives* *ou négatives sont programmées en eux comme des faits véridiques qui vont modeler inconsciemment leur comportement et leur potentiel toute leur vie*[4] ».

Continuons notre quête des connaissances avec une autre onde importante dans notre évolution, les ondes **Alpha.**

Le monde Alpha, le monde de la créativité

En grandissant (5 à 8 ans), l'enfant passe à une autre onde de fréquence de plus en plus rapide. Dans cette onde, il commence à être moins vulnérable à la programmation extérieure. L'esprit d'analyse (filtre) commence à se former et l'enfant interprète ce qu'il perçoit et en tire des conclusions. L'activité cérébrale alpha est de 8 à 12 Hz par seconde. Elle est considérée comme un état mental calme de **réflexion** et

> Les hautes fréquences **bêta** peuvent déséquilibrer notre organisme jusqu'à nous rendre malade car elle requiert énormément d'énergie.

[4] Bruce H. Lipton : Biologie des croyances

d'imagination. Lorsque nous nous étendons sur notre canapé et que nous fermons les yeux pour nous reposer, nous nous trouvons en mode **Alpha** car toute information visuelle du monde extérieur est rompue. Notre cerveau se retrouve coupé du monde extérieur pour être plongé dans notre monde intérieur pour un instant. A l'âge de 5 à 8 ans l'enfant baigne dans les deux mondes simultanément. Avez-vous remarqué que votre enfant peut être là, présent et aussi être dans la lune si je peux m'exprimer ainsi. Ils sont des supers héros ou des princesses dans certains cas. Ils sont débordants d'imaginations et ne sont pas inquiétés par les aléas de la vie. L'état **Alpha** est l'état de la liberté.
Passons maintenant au monde de la tourmente et du cauchemar. Le monde **Bêta.**

Le monde Bêta, le monde de la peur

Laissons grandir encore plus nos enfants (entre 9 ans et 12 ans et plus). Le schéma de l'activité cérébrale de l'enfant commence à évoluer au niveau de sa fréquence. Disons que la fréquence passe de 12 à 35 Hz par seconde. Cette onde très élevée, appelée onde **Bêta** se caractérise par une grande conscience active.

Vers l'adolescence, la porte entre l'esprit conscient et l'esprit subconscient (**Programme**) se ferme. Le filtre (esprit d'analyse) commence son travail de sélection des informations. Lorsque vous écoutez les nouvelles à la télé ou vous êtes en pleine conversation avec quelqu'un, vous êtes en mode **bêta**. Ce mode **bêta** nous met en alerte à chaque instant de notre vie. L'évolution du monde d'aujourd'hui nous pousse à être en mode **prêt**, c'est à dire en mode bêta très élevé. Une partie du cerveau est toujours au travail, toujours en train de penser, penser au passé, penser à l'avenir, penser aux problèmes, au travail, aux difficultés financières, etc. Cela active en nous beaucoup de stress et de l'angoisse. Les hautes fréquences **bêta** peuvent déséquilibrer notre organisme jusqu'à nous rendre malade car elle requiert énormément d'énergie. Nous ne songeons même plus à retrouver la paix tellement que nous sommes dépassés par les événements.

> Si votre image personnelle est négative, et que la confiance en vous n'est pas au rendez-vous, alors vous allez succomber à la pression de notre monde moderne.

Le contexte de la vie d'aujourd'hui nous submerge de tous les maux psychiques et physiques. L'esprit n'est plus en harmonie avec le corps. Si votre image personnelle est négative, et que la confiance en vous n'est pas au rendez-vous, alors vous allez succomber à la pression de notre monde moderne. Dans cette tourmente, notre esprit conscient qui est la partie créative, n'arrive plus à jouer son rôle. Nous perdons le contrôle au profit du pilotage automatique (programme) incrusté en nous. Si vous avez un programme négatif, vous ne ferez qu'empirer la situation car vous n'aurez pas les armes solides pour faire face aux difficultés. Comme le corps n'est pas fait pour supporter longtemps l'adversité, il finit par succomber à la maladie.

> Les ondes **Bêta** sont les ondes de notre monde extérieur qu'il faut savoir maitriser.

Les ondes **Bêta** sont les ondes de notre monde extérieur qu'il faut savoir surveiller et maitriser. Le gros travail à faire, c'est d'être le gardien de notre esprit lorsqu'on s'y trouve. La solution, c'est de vivre une vie en pleine conscience qui nous permet de gérer tout ce grand flux d'informations qui nous parvient d'un monde de plus en plus exigeant. Il faut être très fort intérieurement pour que notre présence éveillée nous aide à contrer les forces extérieures.

Ne combattez pas votre programme, observez-le et remplacez- le.

Notre monde moderne est en constante mutation et la solution pour faire face à ses contradictions, c'est de changer le programme qui est en nous; nous changer pour que nous puissions nous adapter à ses réalités sociales inédites. Il y a une seule porte pour pénétrer dans notre programme pour le défaire et le remplacer. Cette porte est celle de notre filtre (esprit critique). Si notre esprit critique est présent lorsque nous souhaitons y pénétrer, nous aurons du mal à ouvrir la porte. La seule façon de rentrer dans notre ancien programme, c'est de déjouer l'esprit critique. Et comment pouvons-nous déjouer notre esprit critique ?

La seule façon de rentrer dans notre ancien programme, c'est de nous déjouer de l'esprit critique.

Pour déjouer notre esprit critique dans le but de pénétrer notre programme, nous devons **redevenir un enfant**. Nous avons déjà parlé de plusieurs ondes de l'activité cérébrale qui sont en place de la naissance à l'adolescence jusqu'à l'âge adulte. Une des ondes cérébrales a permis à l'enfant d'introduire en lui le monde extérieur et subir ainsi une programmation. Vous vous en doutez maintenant qu'il s'agit des ondes **Thêta.** Si nous arrivons à être dans cet état des ondes **Thêta**, nous pourrons alors pénétrer à l'intérieur de notre programme pour l'observer, le débrancher et ensuite le remplacer. Voilà le grand secret ; réussir à rentrer dans la zone **Thêta** pour se reconnecter à votre présence éveillée. La zone des ondes **Thêta** est l'espace du changement, de la guérison et de la créativité.

Plusieurs techniques peuvent vous permettre de pénétrer dans la zone des ondes **Thêta**. En ce qui me concerne, je vais vous présenter deux techniques très performantes qui pourront vous aider. Elles vous permettront de pénétrer dans le **champ quantique** (Univers) dans lequel toutes les possibilités existent. Vous allez pouvoir **renaître à nouveau** et surtout attirer vers vous ce que vous désirez le plus dans votre vie, dans la mesure du raisonnable.

Avant de vous dévoiler la première technique, laissez-moi vous raconter une de mes expériences en tant qu'athlète de haut niveau.

Durant ma carrière d'athlète, j'ai expérimenté la technique du changement de soi. Cette expérience a complètement altéré ma perception de la vie et elle m'a permis d'avoir une plus grande confiance en moi. Depuis cette expérience, je n'ai cessé de croire en mes possibilités. Mon état d'esprit face aux difficultés n'était plus le même.

Je fus un très bon athlète de 100 et 200 mètres. Par contre, ma grande taille (1m92) semblait être un handicap sur les courtes distances, c'est-à-dire les 60 mètres. Tout le monde me disait la même chose, que je n'étais pas le candidat idéal pour une bonne performance sur cette distance. J'étais convaincu que cela était vrai. Dans mon for intérieur, je me disais qu'ils avaient tous raison et que je devrais plutôt me concentrer sur les 200 mètres. J'adorais les 60 mètres mais je me heurtais toujours à des performances médiocres qui me plaçaient à la 4ème ou 6ème place dans les compétitions. Un jour, j'ai décidé de participer à une grande compétition dans une ville, non loin de Paris, du nom d'Eaubonne. Tous les meilleurs sprinters de France étaient présents. Dans mon esprit j'y allais pour le plaisir, sachant que je ne ferai pas de podium. J'étais convaincu que les autres étaient meilleurs et que je finirai comme d'habitude en demi-finale ou au mieux le dernier de la finale.

Quelques jours avant la course, j'ai mis en application la technique du changement de personnalité. Je me suis convaincu sans hésitation à travers cette technique que j'étais un bon coureur de 60 mètres car je m'entrainais aussi assidûment que les autres athlètes. Je me disais que toutes les conditions étaient réunies pour établir une bonne performance. Cinq jours avant la compétition, je me sentais très confiant et je n'avais pas cessé de me dire avec une ferme conviction que j'étais fait aussi pour courir les 60 mètres. Étrangement, je sentis un changement sur le plan psychologique et une grande confiance s'installa en moi.

Six heures avant la course, j'étais allé sur la piste pour faire certains réglages techniques, chose que je ne faisais jamais avant les compétitions. Lors du réglage sur les blocks de départ, je fis des appuis rapides et solides d'une grande agressivité. Une attitude qu'il fallait avoir sur cette courte distance que je n'avais pas auparavant. Après cette préparation sur la piste, je rejoignis ma chambre d'hôtel avec une impression d'avoir déjà gagné la course. Un sentiment étrange et très spécial m'a envahi en ce moment là.

L'heure de la compétition arriva, je pris place pour la première demi-finale avec une confiance absolue. Au signal du coup de pistolet, je bondis des blocks comme un fauve affamé pour me retrouver en première position dès mes premiers appuis et terminai ma course en tête de ma demi-finale avec un nouveau record personnel à la clé. J'eus cette impression d'avoir participé auparavant à cette course et tout semblait parfait. Quelques minutes plus tard, je me rendis compte que je venais de battre le vice-champion de France. Sur le coup, je n'en revenais absolument pas car personne ne m'attendait à cette compétition. Pour ne pas me déstabiliser, je poursuivis ma focalisation ouverte (concentration) pour me préparer à la grande finale qui devait me confronter au champion de France. J'avais beaucoup d'admiration pour lui mais je devais l'affronter pour la première fois de ma vie sur une courte distance. L'occasion était belle pour me prouver à moi-même que je valais plus que ce que les gens pensaient de moi.

L'heure de la finale arriva, nous nous lançâmes dans le grand duel au coup de pistolet. Stéphane Cali, le champion de France fit une sortie remarquable des blocks contrairement à moi. Mais j'y croyais toujours. Je me suis mis à le poursuivre en grande enjambée jusqu'aux derniers mètres pour finalement réussir à lui prendre la première place au bout du fil. Une course très serrée qui se solda par mon éclatante victoire. Je réussis à prendre une toute petite avance sur le champion de France en battant une fois de plus mon record personnel. Je venais de prouver que tout était une question de mental, de perception de soi.

> Le subconscient accepte comme étant vrai ce que nous ressentons comme vrai.

La technique du changement de personnalité que je vais vous montrer m'a permis de comprendre que le subconscient accepte comme étant vrai ce que nous ressentons comme vrai.
Si vous changez ce que vous avez semé, vous changerez les résultats. C'est aussi simple que ça. Le fait même de vivre une telle expérience, m'a permis de comprendre le processus. Vivre cette expérience, installe en nous une foi inébranlable au potentiel qui sommeille en nous. Il faut le vivre pour le croire.

Il est grand temps que je vous dévoile la première technique qui vous aidera à changer, c'est-à-dire, à redevenir **une nouvelle personne** tout comme moi face à cette épreuve des 60 mètres. Si vous êtes prêts, commençons le changement.

LA TECHNIQUE DU GRAND REPOS

Une des grandes leçons que j'ai apprise dans ma vie est que « *notre état d'esprit avant de nous endormir définit notre niveau de conscience au moment de retrouver notre subconscient. Le subconscient nous voit exactement comme nous nous sentons* [5] ». Dans mes grandes recherches du comment changer notre état d'esprit, j'ai eu l'opportunité de comprendre une parabole du livre saint (la bible). Il s'agit du psaume (100,4) qui mentionne ce qui suit : « *Entrez dans ses portes avec des louanges, dans ses parvis avec des cantiques* » N'ayez crainte, je ne vous pousse pas à adopter une religion, mais je vous révèle tout simplement un des secrets cachés des anciens. Cette parabole est d'une importance capitale sur le plan spirituel mais aussi dans notre vie. Cela signifie que si au moment où vous vous préparez à dormir, vous devez imaginer et maintenir un sentiment du changement que vous souhaitez intensément, vous pourrez alors pénétrer votre subconscient

> « Entrez dans ses portes avec des louanges, dans ses parvis avec des cantiques.
> Psaume (100,4)

[5]Neville Goddard : Ressentir voilà le secret

plus facilement, car l'esprit critique (conscient) n'est quasiment plus là. Pour ma part, je maintenais l'affirmation : « **Je suis rapide et très fort sur 60 mètres** » ; je me répétais cela verbalement avec conviction. Cette affirmation était accompagnée d'images positives, victorieuses de moi. Cette façon de faire vous permet de projeter l'image souhaitée directement dans le subconscient pour en faire un nouveau programme. Vous n'aurez pas beaucoup de temps pour le faire car la porte s'ouvre à partir du moment où vous commencez à basculer dans le sommeil. Après cet instant de transition, vous ne serez plus conscient et la porte se refermera pour faire place au grand repos (sommeil profond). Dans ce processus, le conscient commence à perdre de l'intensité pour laisser place au monde de l'inconscient. Quant à votre subconscient, il est toujours en activité. Il continue à faire fonctionner vos organes vitaux. Puisqu'il ne dort jamais, vous pouvez profiter de ce moment intime pour rentrer en contact avec lui dans le

> Il est important de ne jamais vous endormir en vous sentant découragé, pessimiste, grincheux ou même en colère.

but de modifier son contenu. Si vous êtes persuadé que vous n'allez pas réussir un projet parce qu'on vous a toujours dit que vous étiez un vaurien ou un incapable alors cette image de perdant sera l'information que vous implanterez dans votre subconscient tous les soirs avant de vous endormir. Il est important de ne jamais vous endormir en vous sentant découragé, pessimiste, grincheux ou même en colère. Vous ne devez pas dormir non plus avec un sentiment d'échec. Votre subconscient est un partenaire éveillé et fidèle qui accepte tout ce que vous croyez de vrai. Que cette perception soit bonne, mauvaise ou neutre, vous récolterez ce que vous avez semé. Ne vous laissez pas limiter par votre passé, ni par votre situation actuelle. Sachez que la situation difficile que vous vivez ne reflètera pas votre situation de demain. Tout se passe maintenant dans l'instant présent. L'instant présent est la porte du renouveau et de la créativité. Vous pouvez changer les choses si vous prenez conscience des faits. Il est temps d'être la personne que vous souhaitez être pour avoir une meilleure vie. La vie a un sens si vous lui en

La vie a un sens si vous lui en donnez un.

donnez un qui sied à vos espérances. Elle sera un calvaire si vous croyez que vous n'avez pas les outils pour la transformer en **un paradis.** Pour donner un sens à votre vie, vous devez vous poser les questions suivantes : Que voulez-vous être ? Que voulez-vous obtenir ? Que voulez-vous devenir ? Que voulez-vous changer ? Que voulez-vous entreprendre ? Des réponses claires et sincères pourront vous orienter sur le chemin de la renaissance.

La mécanique de la technique du grand repos

Prenons un exemple de programme négatif qu'une personne alimente constamment et qui l'empêche d'entreprendre des choses dont il rêve. L'affirmation négative sera : « Je manque de confiance en moi ». L'affirmation positive qu'il souhaite implanter dans son nouveau programme sera évidemment : « J'ai confiance en moi ».

Nous avons cette tendance de communiquer avec nous-mêmes intérieurement. Nous nous parlons intérieurement lorsque nous prenons notre douche, lorsque nous conduisons, lorsque nous marchons et surtout lorsque nous sommes prêts à nous endormir. Je dirais même que nous ruminons sans même que nous en soyons conscients. Cela s'appelle le **bavardage interne**. Prêtez une grande attention à ce phénomène car il transforme votre vie sans que vous le sachiez. Ce sont des puissantes affirmations répétitives qui s'implantent facilement dans notre subconscient. La technique du changement sera de reproduire la même chose tout en étant conscient avec des affirmations positives. Cette intention puissante d'être en confiance sera entonnée continuellement lorsque le sommeil commencera à s'établir.

Lorsque vous décidez de vous mettre au lit tout en étant fatigué, alors vous commencerez le processus d'affirmation à petite voix comme un mantra (prière). Si vous n'êtes pas tout seul dans la pièce de nuit, vous pourriez le faire mentalement en ayant une image positive de vous dans une situation que vous redoutiez, comme par

> L'affirmation « J'ai confiance en moi » associée à une image positive de vous en action, tout en confiance est un puissant cocktail de reprogrammation.

exemple parler devant le public ou vaincre la peur des entrevues. L'affirmation : « J'ai confiance en moi » associée à une image mentale positive de vous, en toute confiance est un puissant cocktail de reprogrammation. Vous devez en faire une routine, une habitude. Vous devez appliquer le processus tous les soirs et dès le réveil le matin. Pourquoi le faire le soir et le matin? Tout simplement parce que les portes du subconscient s'ouvrent lorsque vous basculez dans le sommeil, et à votre réveil, le même processus s'opère pour se refermer dès que vous êtes complètement réveillé. Faites-le pendant au moins 30 jours pour que la reprogrammation se fasse. Le processus peut prendre plus de temps à cause de l'ampleur et de la force de votre ancien programme. Mais ne vous découragez pas, faites-le pour obtenir le changement que vous désirez.

Comme je vous l'ai mentionné dans le chapitre des ondes cérébrales, les ondes **Thêta** sont des activités de basses fréquences qui rendent le cerveau suggestible à la programmation. Lorsque nous basculons en phase de sommeil, nous commençons à quitter les ondes **Bêta** (éveil) pour ensuite nous retrouver dans les ondes **Alpha** (demi-conscience) puis dans les ondes **Thêta** (Sommeil hypnotique) et pour finir dans les ondes **Delta** (sommeil profond).

Ce qui nous intéresse dans ce cas de figure ce sont les ondes **Thêta**. C'est dans cette zone que les messages qui nous viennent de l'extérieur sont transmis au subconscient. Le subconscient est beaucoup plus réceptif.

Lors de votre exercice du changement par le grand repos (sommeil), il vous arrivera au milieu de la nuit de vouloir vous soulager, quoi de plus normal. Dans ce cas, vous ne serez plus dans les ondes **Delta** (sommeil profond) lorsque vous vous réveillerez. Vous reviendrez automatiquement dans un état proche de l'état **Alpha**, c'est à dire en demi-conscience. Dans cet état **Alpha**, vous pourrez profiter pour amplifier votre affirmation en marchant jusqu'au toilette car vous êtes dans un état hypnotique, état très propice à la suggestibilité. Vous affirmerez toujours à voix basse ou mentalement « **J'ai confiance en moi** » comme un mantra.

Lorsque vous retournerez au lit après vos besoins, vous replongerez une fois de plus en ondes **Thêta** ensuite en ondes **Delta** pour continuer votre profond sommeil. Si vous prenez un peu de recul, vous comprendrez que la nuit, notre corps est endormi mais notre esprit subconscient est continuellement en action. Ce processus vous aidera grandement à vous reprogrammer. Répétez-le plusieurs fois tous les soirs avant de vous endormir. Vous serrez surpris du résultat. Le soir, j'ai l'habitude de me rendre dans la chambre de mes filles, 10 minutes après qu'elles soient endormies pour leur glisser des mots d'amour et d'encouragements dans l'oreille. Une très belle façon de les programmer dans le bon sens car elles sont encore dans cette phase d'ondes **Thêta** (sommeil hypnotique).

> J'ai l'habitude de me rendre dans la chambre de mes filles 15 minutes après qu'elles soient endormies pour leur glisser des mots d'amour et d'encouragements dans l'oreille.

Le Dr Joe Dispenza spécialisé en neurosciences et conférencier de renom résume grandement ce que je viens de vous mentionner. Il nous dit ceci: « *En nous projetant psychologiquement dans une situation potentielle avant de la vivre concrètement, vous reconfigurez vos circuits neuronaux (cerveau) pour qu'ils soient comme si l'événement avait déjà eu lieu. Dès que ces nouveaux neurones sont stimulés à l'unisson, votre cerveau a créé une image, une vision, un modèle représentant la personnalité idéale sur laquelle vous vous êtes concentré. À l'instant où cela s'est produit, vous avez rendu l'objet de votre pensée plus réel que quoi que ce soit. Votre cerveau a capté la pensée comme étant l'expérience vécue et il a amélioré sa matière grise pour qu'elle se présente comme si l'expérience avait déjà eu lieu*[6] ».

Maintenant que vous connaissez la première technique, je vous recommande de la mettre en application aussi souvent que possible pour envisager une meilleure expression de vous-même.

Passons maintenant à la deuxième technique du changement. Cette technique est celle que j'ai

---

[6] Joe Dispenza : Rompre avec soi-même, p145 à 146

utilisée le plus durant ma carrière sportive et que j'utilise aujourd'hui pour créer et vivre ma réalité (vie). J'ai découvert la technique de **l'auto-observation** lors de mon séjour au Japon en 1995 pendant les championnats du monde universitaire. Je l'utilisais inconsciemment jusqu'au jour où j'ai compris que cette technique était l'essence même de la loi qui régissait l'attraction de nos pensées.

L'AUTO-OBSERVATION

L'auto-observation est ce qu'on appelle dans le grand langage d'aujourd'hui, la méditation. Il y a plusieurs définitions de la méditation. Je pourrais définir la méditation comme étant un outil qui nous permet de nous observer dans le calme et le silence dans le but de retrouver notre présence éveillée (force). Les spiritualistes diront que la méditation nous permet de retrouver notre propre divinité. Il ne s'agit pas de se couper du monde comme certains l'interprètent. Elle nous permet au contraire d'être conscient de tout ce qui se passe autour de nous tout en étant un observateur, un acteur, sans jugement, sans y prêter attention. Cette technique vous permettra de vous recentrer sur votre être intérieur et y puiser votre force. Cette formidable dimension qu'est **l'auto-observation** apporte une grande paix intérieure et une connexion avec une autre dimension encore plus puissante que la physique quantique nommé **champ quantique** (Univers). Le champ quantique est une dimension hors du temps et de l'espace dans laquelle tout existe comme potentialité : la joie, la prospérité, la santé, la paix ; tout est déjà établi dans cette dimension qui est au-delà de nos sens en tant que pure potentialité. Lorsque vous aurez compris le processus de **l'auto-observation**, vous deviendrez le gardien de votre esprit car vous pourrez contrôler toutes vos pensées, sentiments, émotions qui seraient susceptibles de vous déstabiliser. Vous transformerez vos faiblesses en une force capable de changer et attirer vers vous le bonheur, la santé et la prospérité.

Vous transformerez vos faiblesses en une force capable de changer et attirer vers vous le bonheur, la santé et la prospérité.

Avec **l'auto-observation**, vous pourrez vous reprogrammer mais aussi communiquer directement avec le champ quantique (Univers).

Nous sommes les créateurs de notre propre réalité à travers nos pensées, nos attitudes. Toute pensée liée à notre survie crée en nous des émotions. Ces émotions nous dirigent vers des **états d'être** (état vibratoire) susceptibles de déclencher une réalisation. Cette vibration crée votre réalité. Votre **état émotionnel** est un véritable déclencheur de la manifestation. Vous êtes

Nous sommes les créateurs de notre propre réalité à travers nos pensées, nos attitudes.

responsable de ce qui vous arrive à travers vos pensées, vos sentiments et vos actes.

« *Nos pensées, elles-mêmes, ont une influence sur la réalisation des événements de notre vie. En fait, ce n'est pas exactement notre pensée qui est créatrice, c'est l'état dans lequel se trouve notre esprit, notre âme, si vous voulez*[7]. »

Tant que votre subconscient détient un programme négatif sur vous-même ou sur un sujet, il enverra un message négatif au **champ quantique** par l'intermédiaire du subconscient et celui-ci réalisera l'événement matériel équivalant à votre pensée. *Vous récolterez ainsi ce que vous avez semé. Il n'y a pas de fumée sans feu.* Sachez que vous êtes une énergie dans une autre énergie très puissante qui est le champ quantique (Univers), et vous produisez à chaque instant votre réalité inconsciemment ou consciemment à travers votre propre conception (vos pensées, sentiments, émotions et vos actes).

---

7 * Philippe Morando : Vos pouvoirs secrets et la maîtrise de votre destin, P.46

Lorsque vous appliquerez la technique de **l'auto-observation,** vous pourrez non seulement changer votre comportement, votre attitude mais vous pourrez aussi obtenir des choses dont vous rêviez toujours. Il vous suffira tout simplement de comprendre le processus, d'y croire et de le mettre en pratique sans hésiter.

Une personne m'a dit un jour qu'il connaissait la technique de l'auto-observation, mais qu'il n'arrivait pas à changer et réaliser son désir. Je lui ai répondu qu'il n'avait pas la bonne équation et surtout qu'il n'y croyait pas. Si vous avez la volonté de changer les choses, et qu'à l'intérieur de vous, vous ressentez le contraire, alors rien ne changera. Votre pensée à elle seule n'a pas de pouvoir. Le vrai pouvoir, c'est votre ressenti (émotion). **L'émotion** est votre véritable levier.

Une des meilleures façons de communiquer avec le champ quantique, c'est d'être dans le silence, c'est-à-dire être dans une sorte de chambre secrète dans laquelle il n'y a ni temps, ni espace, ni corps ; c'est cela **l'auto-observation**. Vous

vous retrouvez dans une autre dimension chargée d'énergies subtiles.

Je sais que vous êtes impatient de connaître la mécanique de **l'auto-observation**, mais je dois vous raconter une autre anecdote que j'ai vécue en France. Suite à la technique de **l'auto-observation,** j'ai obtenu une chose qui a complètement changé le cours de ma vie, alors que la situation que je vivais auparavant était d'une extrême complexité.

Cette anecdote vous démontrera que la vie n'est pas un combat. Le vrai combat est celui de notre mental, la perception que nous avons de nous-mêmes et de la vie. Notre existence se dessine à travers notre attitude et surtout à travers notre état d'esprit. Cet état d'esprit est toujours pris en compte par le champ quantique pour rendre visible l'invisible. Retenez bien ces deux mots, **ÉTAT D'ESPRIT** ou **ÉTAT D'ÊTRE** car ils définissent la trame de votre vie. C'est le vrai message que comprend le **champ quantique**

> **ÉTAT D'ESPRIT**
> ou **ÉTAT D'ÊTRE**,
> définissent tous les jours votre vie.

dans toute sa dimension. Votre état d'être est comme une prière inconsciente que vous transmettez au champ quantique. « *C'est le langage du sentiment (état d'être) qui parle à la divine Matrice (champ quantique). Sentez que votre but est atteint et que votre prière est déjà exaucée*[8] »

Laissez-moi maintenant vous raconter mon anecdote pour comprendre le processus plus en détail.

« Cela faisait trois ans que je venais de réaliser mon rêve de vivre en France dans l'optique de pratiquer mon sport. Je gagnais quelques compétitions et je jouissais d'une bonne notoriété. J'avais toutes les conditions pour réussir ma carrière sportive grâce à une bourse sport-étude que m'avait octroyée l'association des pays francophones par le biais de la fédération internationale d'athlétisme. Tout se passait bien jusqu'au jour où, un événement bouleversa mon ascension. Le président de la fédération internationale venait d'être remplacé

---

[8] Gregg Braden : La divine Matrice, P96

par un nouveau, Monsieur Lamine Diack originaire du Sénégal[9].

A peine arrivé, le nouveau président décidait d'installer un centre d'entraînement de haut niveau à Dakar, dans la capitale de son pays. Il ordonna à tous les athlètes africains vivant en Europe de réintégrer le centre d'entraînement fraîchement construit sous peine d'avoir leur bourse supprimée. Lorsque nous avions appris la nouvelle, mes compagnons et moi étions stupéfaits. Nous nous sommes réunis pour prendre une décision à savoir si nous dévions ou non regagner le nouveau centre. En ce qui me concernait, ma réponse était catégorique. Je m'étais battu corps et âme pour être en Europe et je ne voulais absolument pas laisser une autre personne décider de mon avenir. J'avais un objectif ; cet objectif, je voulais l'atteindre à tout prix. J'ai donc répondu négativement à la proposition du nouveau président. Et ce qui

[9] Membre honoraire du Comité international olympique et ancien président de la Fédération internationale d'athlétisme. Aujourd'hui, mis en examen pour corruption passive et blanchiment aggravé. Il démissionnera du Comité International olympique. Ref.: http://www.eurosport.fr/athletisme/lamine-diack-a-demissionne-du-comite-international-olympique_sto4986889/story.shtml

devait s'ensuivre arriva brutalement. Je venais de perdre ma bourse d'une manière instantanée alors que j'étais au meilleur de ma forme. Sans revenu, je ne pouvais plus prétendre à une carte de séjour en France et sans carte de séjour, je ne pouvais pas trouver du travail non plus. En l'espace de quelques jours, je suis devenu ce qu'on appelle communément un sans papier. Mon compte en banque n'était plus approvisionné mensuellement et ma carte de crédit ne fonctionnait plus. Je n'arrivais plus à payer mon loyer et me nourrir. Certains de mes amis athlètes qui ont eu très peur de la situation ont pris le chemin pour le centre d'entrainement de Dakar pour ne pas vivre la même misère que moi.

Ma situation s'empirait de jour en jour pour finalement affecter ma forme physique et mon moral. Je n'arrivais plus à suivre les entraînements en ayant le ventre vide. Je me suis ainsi blessé à la cuisse lors d'un entraînement intensif. Après cette blessure, j'ai commençé à douter de l'avenir mais je ne pouvais plus revenir en arrière.

En dépit de cette situation alarmante, Il fallait que je reprenne mon esprit pour trouver une issue de sortie, de survie. J'avais pris la décision de rester, donc, je devais assumer mes responsabilités. Alors, pour ne pas sombrer dans la rue comme un vulgaire sans abri, je devais trouver un emploi non déclaré pour me nourrir et payer mon loyer. Le sport n'était plus ma priorité, du moins pour l'instant. « *Un homme qui a faim n'est pas un homme libre7* », *répétait souvent, Félix Houphouët Boigny*, ancien Chef d'Etat de la Côte d'Ivoire. Pour trouver du travail rapidement, je me suis rapproché d'une connaissance qui était agent de sécurité dans un magasin de sport. Je lui ai expliqué ma situation qu'il déplorait bien évidemment. Il m'a donc introduit auprès de son responsable qui m'embaucha sous un autre nom afin que je puisse être payé. Une magouille que je n'approuvais point, mais qui me permettait de reprendre un peu de souffle et de survivre même avec un salaire de misère.

La semaine suivante, j'ai commencé à travailler en tant qu'agent de sécurité dans le magasin. Les heures étaient très longues et pénibles. Je

vadrouillais dans le magasin de 9h du matin à 8 h du soir. Je rentrais le soir à mon petit appartement tout lessivé avec les jambes engourdies pour recommencer la même routine le lendemain.
Mon employeur profitait de ma situation pour me faire travailler beaucoup plus que les autres employés. Les soirs, lorsque je rentrais, je pratiquais la technique de l'auto-observation pour me permettre de gérer tout ce gros stress que je subissais. Cette technique d'auto-observation est aussi une technique de création d'avenir. Je nourrissais un désir ardent que je dessinais dans mon esprit lors de ma pratique. Je voulais obtenir la citoyenneté française pour en finir avec toute cette situation qui ne reflétait absolument pas ma personnalité et mes ambitions. Je devais alors changer les choses moi-même à partir de l'intérieur. Je devais laisser la place à la prospérité, la joie, plutôt que de générer la peur, l'angoisse, le stress, l'anxiété et la haine envers le président de la fédération internationale d'athlétisme. Je savais que tout sentiment généré crée l'évènement similaire. Il fallait que les choses bougent de mon côté. Puisque je souhaitais obtenir la citoyenneté, j'ai

donc décidé de me mettre en action. J'ai pris l'initiative de remplir un formulaire de citoyenneté que je suis allé porter à la préfecture de ma région. Lors du dépôt du dossier, la dame chargée des dossiers de candidature m'avait clairement mentionné que mon dossier était irrecevable. J'étais en situation irrégulière et selon elle, je devais quitter le territoire français au plus vite. Elle avait raison car je ne remplissais pas les conditions pour prétendre à la citoyenneté française. En étant inéligible, il me serait donc impossible de l'obtenir. Mais j'ai insisté pour déposer mon dossier même si elle donnait déjà une réponse défavorable à ma demande. Cette gentille dame qui ne faisait que son travail m'a finalement donné un numéro de dépôt de dossier. J'ai pris le numéro pour le garder précieusement à un endroit sûr.

Trois jours plus tard, je recevais la confirmation par courrier de la préfecture que mon dossier n'était pas recevable et que je devais quitter la France dans les 30 jours. Maintenant que la préfecture avait mon adresse, je pouvais être expulsé du jour au lendemain.

La situation était devenue catastrophique, mais j'y croyais encore malgré tout. Au lieu de me laisser abasourdir par tout ce chaos, je me permettais, lorsque j'avais un peu de temps libre, de mettre en pratique la technique de **l'auto-observation** encore et encore, sans relâche. Le temps comptait et je ne devais pas baisser les bras. Je n'avais aucun autre recours en ma possession.

Le temps comptait et je ne devais pas baisser les bras. Je n'avais aucun autre recours en ma possession.

Pendant ma pratique de **l'auto-observation**, il m'arrivait parfois de ne plus être présent car je transcendais mon corps, le temps et l'espace. Tous les problèmes que je vivais me semblaient dérisoires. J'avais une espèce de pressentiment que j'allais surmonter les épreuves. Plus rien n'existait dans mon esprit, il n'y avait que l'obtention de ma citoyenneté qui m'intéressait, c'était plus fort que moi. J'étais focalisé sur le sujet en vue d'obtenir ce fameux sésame à tout prix sans savoir si cela allait être possible.

Après ma séance de recueillement avec moi-même, j'avoue que mon retour dans la réalité était moins pénible. J'avais encore la force de croire que je pouvais renverser la situation. Je me sentais comme libre tout en ayant la certitude que les choses allaient bien se passer. Tout était établi par la force de mon imagination. Je devenais une personne libre mentalement. L'image positive que j'avais créée de ma probable obtention de la citoyenneté française crépitait dans mon esprit et cela me rendait très optimiste.

Le lendemain, je retournai travailler comme agent de sécurité et il me restait une vingtaine de jours pour quitter officiellement la France. En mon âme et conscience, j'avais fait le nécessaire pour que les choses redeviennent comme avant car mon sport me manquait énormément.

Un beau matin, pendant que je prenais ma pause de 15 minutes dans la salle des employés, j'ai pris un journal qu'un employé venait juste de finir de lire. Jamais auparavant, je lisais les journaux. En feuilletant page par page, je tombai sur un article qui attira ma curiosité. Il s'agissait d'un article qui parlait d'un nouveau remaniement ministériel. Le ministère des sports avait un nouveau ministre. En continuant ma lecture, je découvris que le nouveau ministre venait de nommer un conseiller que je connaissais très bien, un ancien président de la fédération française d'athlétisme. Ce monsieur était une personne d'une grande gentillesse, il m'avait remis plusieurs fois la médaille lors de mes victoires aux championnats de France junior. Il avait beaucoup d'admiration pour moi et c'était réciproque. J'ai tout de suite compris que le champ quantique me guidait sur une grande piste. A peine avoir fini de lire l'article, je sautai sur le téléphone du magasin pour appeler le ministère. Une secrétaire me confirma que ma connaissance était bel et bien en poste. J'ai profité de l'occasion pour lui laisser mon téléphone de la maison afin qu'il puisse me rejoindre en lui spécifiant que je serais chez moi vers 9 h du soir. Ma longue journée aussitôt terminée, j'ai filé à vivre allure chez moi pour me blottir contre mon téléphone. À cette époque, le téléphone portable n'existait pas, alors il ne fallait pas que je rate l'appel car ma vie en dépendait. 15 minutes après mon arrivée, le téléphone sonna. Je me précipitai pour décrocher sans tarder. Ma connaissance était au bout du fil. Avec une voix tremblante, je lui racontais toute ma situation du début à la fin. Ce monsieur d'une grande

Tout s'aligne pour que les choses se fassent en notre faveur grâce à la force de notre état d'être (pensée et émotion).

gentillesse me posa la question à savoir ce qu'il pouvait faire pour moi en urgence. Je lui ai répondu que je souhaiterais obtenir la citoyenneté française pour continuer à m'épanouir dans mon sport, finir mes études, vivre sans avoir la peur au ventre d'être rapatrié en Afrique. Pour finir, il me demandait si j'avais un numéro de dossier. Le fameux numéro du dépôt que j'avais précieusement gardé dans un lieu sûr devait maintenant refaire surface. Je me hâtai de le lui donner avec un cœur soulagé. « *Ahmed, tu ne rentreras pas en Afrique* », voilà les mots qu'il prononçait avant de raccrocher.

Ce soir là, je comprenais ce qui m'arrivait. Le champ quantique est une énergie pure qui nous redonne ce que nous demandons à travers notre état d'être. Ma connexion au champ quantique à travers **l'auto-observation** commençait à porter fruit. Le hasard n'existe pas pour ainsi dire. Il y a un phénomène qui se met en place que nous appelons synchronicité. Tout s'aligne pour que les choses se fassent en notre faveur grâce à la force de notre état d'être (pensée et émotion).

Une semaine après ma conversation téléphonique, je recevais une lettre de la préfecture pour un entretien avec le service de la police nationale. Une formalité que chaque demandeur de citoyenneté devait accomplir. Le message avait donc été adressé par mon intervenant aux autorités concernées. Trois semaines plus tard, je me rappellerai toujours, un samedi matin, je quittais mon appartement pour aller prendre mon courrier à quelques mètres, lorsque j'ouvris la boite aux lettres, j'aperçus une lettre sur laquelle était inscrite le nom du ministère de la citoyenneté française (Ministère de la solidarité et de l'emploi). De la main tremblante, j'ouvris l'enveloppe pour m'apercevoir que je venais d'obtenir la nationalité Française. Jamais je n'avais vu une intervention aussi rapide dans l'administration française. Ma vie venait de prendre une autre tournure, dans le sens que je souhaitais. J'étais dans un état de joie que j'avais déjà vécu sur le plan mental lors de mes séances d'auto-observation. Je n'en revenais pas. Le champ quantique (l'univers) répondit à mon désir le plus ardent. Ce changement de vie m'a permis de rependre tout en confiance mon sport, participer à deux autres Jeux Olympiques, voyager dans le monde et pour finir, obtenir un poste important après mes études dans une des plus grandes entreprises françaises (Gaz de France) ».

Maintenant que vous connaissez l'expérience que j'ai vécue, revenons à la pratique de la technique de l'auto-observation qui vous permettra de renaître à nouveau et obtenir ce que vous désirez ardemment.

Pratique de la technique de l'auto-observation pour créer sa réalité

« Celui qui ne peut imaginer des objets aux traits plus précis et plus marqués que ceux qu'il voit avec ses yeux mortels et périssables, qui ne peut les éclairer d'une meilleure lumière, plus forte, celui-là n'imagine pas tout. »
William Blake

Notre esprit est une puissance. Je vous dirais même que c'est la plus grande puissance que l'homme possède en lui. Mais nous devons le connaître et l'accepter pour comprendre le processus de la création. Si vous ne vous imaginez pas être quelqu'un d'autre, ou vous retrouver ailleurs, les circonstances de votre vie resteront statiques et vos problèmes vont toujours se perpétuer. Notre vie est tout simplement le reflet des images que nous nourrissons dans notre esprit.

> Notre vie est tout simplement le reflet des images que nous nourrissons dans notre esprit.

Ce que je veux vous dire est très simple, chers lecteurs et chères lectrices. L'acceptation de la fatalité, mène automatiquement à sa réalisation.

Selon les neurosciences, l'esprit se définit comme le cerveau en action. Il n'est pas dissocié du corps. Toute information que votre cerveau reçoit sera aussitôt interprétée et communiquée aux cellules de votre corps. Lorsque votre esprit et votre corps sont en harmonie, alors vous être dans un **état d'être, un état vibratoire puissant**. Nous devenons une entité de vibration énergétique qui s'introduit dans le champ quantique pour y décrocher ce que nous désirons. Le champ quantique ne comprend que le langage de votre **état d'être**, rien d'autre. Si vous êtes dans un état de dépression, d'anxiété, de peur, de crainte, de doute, de culpabilité, de colère, de honte, vous êtes dans un état d'être négatif qui décrochera aussi des évènements négatifs. *«Si vous semez des grains de riz, vous ne récolterez pas du blé, mais bien du riz.»*

Nous avons le pouvoir de résoudre nos problèmes car nous pouvons choisir ce que nous transmettrons au champ quantique par l'intermédiaire de notre subconscient. Malheureusement, lorsque tout va très mal dans notre vie, nous ne voyons pas d'issues à cause du doute qui nous envahit. Dans ce cas, nous avons la difficulté de nous convaincre que les choses iront bien. Ce qui est un peu normal puisque nous sommes dans un monde qui ne nous enseigne pas les pensées positives. Il est temps de passer au stade de la positivité et de laisser notre imagination conquérir le monde.

Malgré les situations dramatiques, nous devons arriver à nous convaincre de notre réussite prochaine en projetant des images de joie, de paix, d'amour, d'abondance. Cette attitude pousse l'esprit à se nourrir de bonnes pensées pour qu'il puisse trouver une solution en notre faveur. Soyez certain que les personnes positives ont toujours ce qu'elles souhaitent parce qu'elles ne laissent jamais les pensées négatives demeurées longtemps ni s'ancrer en elles. Cette attitude positive devient une grande habitude qui leur permet toujours d'affronter les obstacles en étant beaucoup plus optimiste.

Commençons notre technique **d'auto-observation** sans plus tarder. Votre exercice sera de pénétrer le champ quantique (Univers) dans le but d'implanter votre désir pour que celui-ci puisse se réaliser dans le monde visible (monde physique). Sachez que tout existe comme potentialité dans le champ quantique en tant que ondes. Vous devez observer votre onde (désir) dans cette énergie pure pour la matérialiser. Cette concentration chez les bouddhistes, s'appelle « la **focalisation ouverte »** ou « l'effondrement de la fonction d'ondes » en physique quantique.

Vous devez dormir avec un idéal

Comme je l'avais mentionné, le champ quantique est d'une grande intelligence, elle est énergie pure et elle n'accepte pas que l'on y entre avec un esprit troublé. Si vous êtes dans la crainte, la peur, le stress, l'angoisse, l'anxiété, la haine, vous ne pourrez pas y entrer. Vous devez absolument avoir un état d'esprit ou un état d'être positif. Vous comprenez pourquoi les personnes qui ont un esprit troublé (stress, anxiété, etc.…) ne trouvent jamais de solution à leurs problèmes. Leurs nuits sont cauchemardesques et elles ne trouvent pas le sommeil ni le repos. Et lorsqu'elles réussissent à s'endormir, elles se réveillent le lendemain sans avoir trouvé une solution ; elles vivent alors dans un état de fatigue chronique.

Rappelez-vous de la technique du grand repos, vous devez dormir avec un idéal. Si vous vous endormez avec les problèmes de la vie, vous allez encore les engendrer encore et encore jusqu'à vous rendre malade.

Lorsque vous perdez la raison, vous ne trouvez jamais d'issue. Autrement dit, vous êtes dans un état **Bêta** de haute fréquence qui perturbe votre raisonnement. Vous savez maintenant que les ondes **Bêta** ne sont pas les ondes idéales pour la créativité ou le changement. Vous devez absolument quitter les ondes **Bêta** pour descendre dans les ondes **Alpha** puis **thêta** qui sont les ondes de la **créativité** et de **l'imagination**. Vous devez le faire consciemment autant que possible. Allez prendre une marche dans la nature, contemplez les rivières, les montages, la verdure, les animaux. Fuyez le flow quotidien de la vie au moins une fois par semaine. Faites-le pour produire en vous les ondes Alpha qui vous aideront à retrouver la stabilité, la paix et la quiétude.

Contrairement à la technique du grand repos, vous n'attendez pas l'apparition du sommeil. Vous prenez l'initiative de créer un état calme (**Thêta**) volontairement en rentrant dans le cœur du silence, là, maintenant. Rentrer dans le cœur de la création, c'est rentrer dans le champ quantique avec un état d'esprit positif malgré les situations difficiles que vous traversez. Vous laissez dans le monde visible tous vos soucis avant de vous recueillir dans le silence du monde de l'invisible. Vous n'êtes plus vous-même, il n'y a plus de temps, plus d'espace. Vous êtes dans une énergie pure remplie de possibilités illimitées.

LE PRINCIPE D'APPLICATION DE L'AUTO-OBSERVATION

C'est dans le calme et le silence qu'on retrouve sa force

Trouvez un endroit calme et tranquille. Allongez-vous sur un canapé ou asseyez-vous confortablement dans un fauteuil ou en lotus (position zen du bouddha), puis détendez-vous en inspirant et en expirant profondément jusqu'à ce que votre corps soit totalement détendu. Les yeux doivent rester fermés. Si votre corps est détendu, cela signifie que votre esprit l'est tout aussi. La respiration est très importante, elle permet de relier le corps et l'esprit. Si vous avez des pensées qui vagabondent dans votre esprit, revenez sur votre respiration, restez concentrer toujours sur elle. Faites-le pendant au moins 5 à 10 minutes. Cette démarche va vous conduire tranquillement vers les ondes **Alpha** et avec beaucoup d'entraînement, vous pourriez descendre encore plus bas vers les ondes **Thêta.** Ces deux ondes sont très propices à la créativité et à la suggestivité. Vous verrez que vous serez très détendu pour procéder à la deuxième phase.

L'imagination, c'est le rêve éveillé

Maintenant que vous être bien détendu et que vous êtes dans un état de réceptivité de votre subconscient, vous allez utiliser votre imagination pour créer la situation que vous désirez. Il ne s'agit pas de visualisation comme certains le pensent, il s'agit d'imagination. Vous n'êtes pas spectateur de votre vie, vous devenez un acteur actif dans ce que vous imaginez. Votre imagination doit être très précise dans tous les sens. Vous devez ressentir les mêmes émotions au moment précis de la réalisation de votre désir. Vous êtes dans un état dans lequel vous pouvez tout matérialiser mentalement, dans le respect car vous devez avoir les bonnes raisons pour pénétrer le champ quantique. Si votre intention est de nuire à autrui, soyez certain que vous n'obtiendrez rien du champ quantique et cela vous retombera dessus. Le champ quantique est d'une grande intelligence, il est déjà en vous, il connaît déjà vos intentions avant même que vous ne

> Dans votre imagination, chaque détail vaut son pesant d'or.

> Ne soyez pas dans le passé, rien ne se crée dans le passé. Restez dans l'instant présent pour transcender votre corps, le temps et l'espace.

prononciez un mot. Dans votre imagination, chaque détail vaut son pesant d'or.

Si vous désirez acheter une maison, vous devez vous voir dans cette maison avec tous les détails possibles, couleur, nombre de chambres, taille de la cuisine, vous devez vous voir en train de recevoir vos amis, voir vos enfants gambader dans toutes les pièces. Abandonnez-vous avec amour à l'état souhaité, vivez intensément cet instant d'imagination en vous laissant transporter hors de votre situation actuelle, faites-vous confiance et faites confiance à votre rencontre dans le monde invisible. Vous êtes dans un monde réel que vous avez imaginé dans votre esprit tout en étant dans l'instant présent. **Le subconscient ne fait pas de différence entre le réel et l'imagination.** Il vit toujours dans le présent et lorsque les portes sont ouvertes en mode **Thêta**, il accepte tout ce que vous lui proposez. Ne soyez pas dans le passé, rien ne se crée dans le passé. Détachez-vous de votre passé et restez dans l'instant présent pour transcender votre corps, le temps et l'espace. Dans cette intensité, vous vous retrouverez dans la conscience pure du champ quantique. Si vous suivez ce processus, la porte s'ouvrira à vous et vous pourrez attirer vers vous le désir souhaité. Voilà pour la raison Albert Einstein disait : « *l'imagination est plus importante que le savoir* ».

En étant dans la pure potentialité du champ, vous devez arriver à croire que votre demande est déjà exaucée. Dans cette dimension, le passé n'a pas sa place et le futur n'existe pas, vous êtes dans le présent, d'ou l'importance de croire que le désir est déjà établi car vous vivez déjà ce désir sur le plan mental. A partir du moment que vous avez la grande conviction profonde que vous aurez ce que vous désirez, un soulagement, une détente, un bien-être s'emparera de vous ; ce qui signifie qu'il n'y plus d'obstacles. Il vous suffira de remercier (**gratitude**) déjà le champ quantique de cette réalisation, puisque tout est déjà établi dans votre intérieur. La gratitude est de mise. Vous pourrez revenir tranquillement dans le monde visible avec toute la confiance nécessaire car vous venez de créer consciemment votre futur potentiel. Vous venez de vivre totalement un grand changement grâce à votre imagination, d'une façon consciente et délibérée.

Le détachement

Après votre séance d'auto-observation, vous devez vivre en toute sérénité. C'est peut-être la partie la plus difficile à faire mais vous devez demeurer dans la confiance. Vous ne devez plus vous préoccuper puisque vous avez fait ce qu'il fallait pour que les choses se passent bien. Sachez que le champ quantique n'échoue jamais. Si vous avez respecté les principes du champ, alors vous devez absolument le laisser faire son travail. Efforcez-vous d'oublier vos soucis le plus souvent possible. Prenez-soin de vous, soyez fier et ne laissez aucun doute ou crainte s'emparer de vous ou vous déstabiliser. Rappelez-vous de mon récit sur la citoyenneté française. La confiance me gagnait et j'étais certain que les choses s'arrangeraient. La confiance est une énergie très puissante, c'est une certitude positive plutôt

> Vivez dans la paix qu'apporte la certitude du désir exaucé et cherchez à vous détendre en vaquant à d'autres occupations.

qu'une simple pensée. La réalisation de vos désirs viendra, le plus souvent lorsque vous ne vous y attendez pas du tout. Si vous vous acharnez à savoir si les choses fonctionneront ou pas, vous allez empêcher le champ quantique de faire sa part du travail parce que vous allez créer tout simplement une vibration négative, un nouvel **état être** qui est contraire à ce que vous aviez envoyé précédemment lorsque vous étiez en auto-observation. Cela signifie que vous ne serez plus en harmonie avec le champ quantique. Donc, ne vous laissez pas reprendre par les émotions négatives et le découragement. Vivez dans la paix qu'apporte la certitude du désir exaucé et cherchez à vous détendre en vaquant à d'autres occupations. Lorsque vous aurez fait tout le nécessaire et que vous vous serez détaché de votre demande faite au champ quantique, alors il vous fera un signe dans les jours à venir.

Comment voir le signe ? Cela est tout simple. Vous devez être très vigilant et très réactif en ouvrant votre esprit constamment. Vous devez être à l'affût tout en étant décontracté. Soyez certain que vous verrez les signaux avec une grande évidence. Alors soyez prêt.

LA REPONSE DU CHAMP QUANTIQUE

« La nature nous envoie le vent et c'est à nous de hisser la voile »

Vous avez fait ce qu'il fallait intérieurement pour que les choses se déroulent bien. Maintenant, vous êtes au stade de l'attente d'une occasion pour pouvoir vous exprimer. Attendez calmement, avec sérénité. Cela veut dire que vous devez aussi de votre coté entreprendre toutes les démarches qui s'imposent. Aidez-vous à vous aider vous-même. Ne restez pas statique en ayant les bras croisés. Soyez décidé, ferme et confiant. La solution apparaîtra sous formes de rencontres inattendues, d'intuition, d'évènements favorables. C'est en ce moment là que vous devez rentrer en action avec une détermination farouche, croyez-moi, le hasard n'existe pas. Vous devez exploiter les possibilités qui s'ouvrent à vous pour décrocher ce que vous souhaitez. C'est ce que j'ai fait après avoir lu la bonne nouvelle dans le journal. Vous devez foncer sans hésiter.

Aidez-vous à vous aider vous-même. Ne restez pas statique en ayant les bras croisés. Soyez décidé, ferme et confiant.

En 2006, j'ai quitté la France pour m'installer au Canada. Lorsque je suis arrivé à Montréal, je n'arrivais pas à trouver le travail que j'exerçais en France en tant qu'ingénieur commercial chez Gaz de France. À chaque entrevue, on me mentionnait que je n'avais aucune expérience dans le pays et que je ne pouvais pas prétendre obtenir un poste similaire. J'ai commencé à faire de petits boulots pour subvenir à mes besoins. Mon épouse était enceinte et cela pressait pour obtenir un revenu décent. Pendant que j'exerçais de petits boulots, je me suis convaincu qu'il fallait que je crée ma propre entreprise pour offrir mes services en tant que consultant sportif. J'avais la ferme conviction que cette idée pouvait m'ouvrir les portes dans ce beau pays. Sans tarder, j'ai commencé à mettre en place mon plan d'affaire et faire une étude de marché. Cette démarche me permettait de confirmer que j'avais ma place dans ce pays en tant qu'entrepreneur. Mais je me heurtais à un problème, celui du financement de mon équipement dont j'avais besoin pour commencer mes activités.

> J'étais très déterminé à mettre en place mon entreprise car mon ambition respectait absolument les principes de la vie.

J'avais besoin d'un montant de 50 000 $ pour acheter un mini stade d'athlétisme pour les enfants des écoles primaires du Québec. Je devais le faire venir de la France par bateau. Ce mini stade constituait mon outil principal de travail, ma source potentielle de revenu. Malheureusement, je ne possédais pas cette importante somme et les banques ne voulaient pas me prêter cet argent sans une garantie. Je ne me décourageai pas pour autant car je croyais fermement à ce projet. Je continuais sans relâche à peaufiner mon plan. Je voulais être prêt au cas où une opportunité se présenterait. J'avais eu assez d'expériences pour comprendre que tout ce que nous désirons existe potentiellement dans le champ quantique. Il suffisait de nous concentrer sur notre désir tout en y focalisant toute notre énergie sans jamais douter. Je savais que l'énervement, l'agitation, le doute, la crainte empêchent le processus de se réaliser. Alors je pratiquais la technique d'auto-observation tous les jours pour que des opportunités s'offrent à moi. J'étais très déterminé à mettre en place mon entreprise car mon ambition respectait absolument les principes de la vie.

Quelques semaines se sont écoulées après ma rencontre infructueuse avec la banque. Tout semblait ne plus avancer jusqu'au jour où l'oncle de mon épouse (Mario Berniqué) vint souper à la maison. Dans notre échange, je lui présenta mon projet de création d'entreprise. Je lui ai dit aussi que j'avais besoin d'un montant de 50 000$ pour commencer. Il était très emballé du projet et me proposa de me présenter à un président d'une grande entreprise pharmaceutique du Québec (Uniprix). Deux jours après notre échange, le président de cette grande firme (Mr François Castonguay) me contacta par l'intermédiaire de sa secrétaire pour me donner un rendez-vous pressant.
La secrétaire me mentionnait au téléphone que je n'aurai que 15 minutes d'entretien, pas plus car le président était une personne très occupée. Je savais au fond de moi que le champ quantique m'envoyait une opportunité incroyable et c'était maintenant à moi de jouer. Comme je l'avais mentionné en tête de ce paragraphe : « **la nature nous envoie le vent et nous devons hisser la**

voile ». Alors je devais maintenant hisser la voile. J'avais un avantage sur la situation, j'étais bien préparé avant même que cette opportunité ne se présente à moi.

Le jour de ma rencontre, je me suis retrouvé autour d'une grande table avec six grandes personnalités. Le vice-président marketing, le vice-président communication, des directeurs ainsi que le président du groupe. Je n'avais que 15 minutes pour les convaincre dans le but d'obtenir la belle somme de 50 000$. Je me trouvais dans le même scenario de l'émission du Dragon. Mais ce n'était en aucun cas une émission de télévision que je vivais. C'était la première fois que je me retrouvais devant des gens d'affaires aussi puissants au Canada. J'étais prêt pour cette rencontre, ce jour était pour moi un nouveau départ dans mon pays d'adoption. Je présenta mon projet avec détermination et confiance. Lors de mon inlassable discours, je me suis aperçu que nous avions dépassé les 15 minutes allouées. Pendant que je m'exprimais ouvertement, le président du groupe

J'étais prêt pour cette rencontre, ce jour était pour moi un nouveau départ dans mon pays d'adoption.

m'interrompait, pour demander à sa secrétaire d'annuler ses prochains rendez-vous ; il profita de cette interruption pour faire une commande de repas pour toute l'assemblée réunie autour de la table. À cet instant, je compris que j'étais sur le bon chemin.

À la fin de ma présentation, le président du groupe me posa une question d'une grande importance : « Qu'est ce que j'y gagne en échange de votre beau projet ? ». Un petit silence autour de la table s'installait. C'était la dernière question sur laquelle tout devait se jouer. J'ai inspiré profondément, puis expiré pour lui répondre avec calme que son groupe avait l'opportunité de véhiculer son image dans les écoles de toute la province du Québec à travers mon mini stade d'athlétisme. J'ajouta aussi que celui qui allait piloter ce projet était un athlète olympique. Il me regarda dans les yeux avec un petit sourire pour ensuite me faire un premier chèque de 30 000$ pour l'achat du matériel. Et deux semaines plus tard, il émit un autre chèque de 20 000$ suivi des dons de t-shirts, de jus de fruits pour les enfants qui participeront au projet, soit pour une valeur totale de 95 000$.

Comme vous venez de le voir, vous devez absolument faire confiance au champ quantique. Faire confiance au champ quantique c'est aussi vous faire confiance. C'est vibrer à un état d'être de positivité d'une grande ampleur. C'est la confiance incontestable en vous-même, en votre capacité de triompher face aux difficultés, qui favorise efficacement la production des événements positifs, que ce soit sur le plan financier, sentimental, professionnel. Cette attitude mentale confiante vous permettra de jouir chaque jour d'une paix, d'un bien-être, d'une santé et d'une prospérité. Mais il y a une chose importante que j'ai mentionnée dans mon récit, c'est de vous **préparer** à une ouverture d'opportunité. Le champ quantique travaille pour vous mais vous devez absolument l'aider à vous aider en vous préparant de votre côté. Vous devez être prêt à surfer sur la grande vague comme un surfeur ou une surfeuse qui attend cette belle occasion pour s'exprimer.

Vous devez absolument faire confiance au champ quantique.

PREPAREZ-VOUS A AIDER LE CHAMP QUANTIQUE A VOUS AIDER

Se préparer à réussir est une méthode que j'ai apprise dans le sport de haut niveau. Mon entraîneur Gérard Lacroix appelait cela : « La *méthodologie de l'entraînement* » La méthodologie de l'entraînement est basée sur une planification dans le but d'atteindre les objectifs. C'est une démarche à suivre par l'entraîneur, mais il adaptait cette méthode à chaque athlète selon son niveau. Tout être humain est différent physiologiquement. Il en est de même dans la vie de tous les jours ; chaque être humain ne possède pas le même mental ou la même motivation car les expériences vécues de chacun de nous, nous emmènent à réagir différemment face à l'adversité. Nous pensons très souvent être à la hauteur des choses mais en réalité nous ne le sommes pas, du moins pas toujours. Nous avons une **image personnelle** qui nous rattrape dans certaine situation. Alors que faire ?

Nous devons nous armer, nous préparer pour réaliser notre désir. Vous devez tout mettre en place pour l'attirer vers vous ; être une personne attractive. Cela passe par une méthodologie de l'entrainement pour les athlètes ou une action mécanique (planification) adaptée à chacun de nous dans notre vie.

Qu'est ce donc l'action mécanique ?

C'est tout simplement mettre en place une stratégie pour atteindre son but. Nous avons vu la technique de **l'auto-observation** qui nous permet de travailler intérieurement pour pénétrer le champ quantique ; c'est l'intérieur qui fait toujours l'extérieur. Tout ce qui existe physiquement a été avant tout, pensé. Rien ne se crée de l'extérieur. Le téléphone intelligent, la voiture, l'avion, tout vient du travail de l'intérieur de grands inventeurs. Pour que l'idée puisse être matérielle, ils ont préparé l'extérieur à accueillir le travail intérieur. Si vous invitez un ami ou une amie à venir dormir chez vous, vous devez lui préparer une chambre. Dans cette similitude, vous devez vous préparer à accueillir les choses que vous désirez. Toute idée, tout rêve, tout projet se doit d'être planifié avec rigueur ; il n'y a pas d'improvisation. Vous connaissez le dicton qui dit : « *Aide-toi et le ciel d'aidera* ». Il y a toujours

Rien ne se crée de l'extérieur.

un prix à payer pour atteindre l'excellence. Si vous mettez en place une action mécanique (planification), alors le prix sera moindre. C'est votre **engagement** personnel qui fera la différence.

En 1994, lorsque je suis arrivé en France, j'ai mentionné à mon entraîneur que je souhaitais participer aux Jeux Olympiques de 1996 à Atlanta. Il me disait que je ne comprenais pas l'ampleur de ma demande car je venais de découvrir l'athlétisme seulement en 1993. Il m'affirmait qu'il me fallait beaucoup de temps pour m'entraîner afin d'établir les minima (standard) des qualifications pour les Jeux Olympiques. Je courais sans doute vite mais je n'avais cependant aucune connaissance technique pour courir plus vite. Un athlète en moyenne pratique au moins 5 à 10 ans pour prétendre participer à un grand championnat tel que les Jeux Olympiques. J'ai donc insisté pour que mon entraîneur mette en place une méthodologie d'entraînement très poussée pour arriver à mes fins, et nous y sommes arrivés. En effet, Il était important pour réussir mon projet d'avoir un désir (rêve), une vision, un but, un objectif. Mon rêve était précis : Participer aux Jeux Olympiques d'Atlanta. Dans cette optique, la méthodologie de l'entraînement fut intense et rigoureuse. Il m'a fait comprendre que pour faire des choses extraordinaires, nous ne devons pas rester en l'état d'une personne ordinaire. Cette grande vision m'aidait à alimenter mon désir d'être présent à ces Jeux Olympiques et surtout, de pouvoir mesurer ma progression à travers nos objectifs. Nous avions observé deux objectifs dans la méthodologie : un objectif à court terme et un objectif à long terme. En ce qui me concernait, mes objectifs à court terme devraient me permettre de participer aux championnats de France et au championnat du monde en 1995 en Suède, c'est-à-dire, un an avant les jeux Olympiques d'Atlanta. Un passage obligé qui s'arrimait parfaitement avec mon objectif à long terme (Jeux Olympiques). Pour y arriver, je devrais acquérir des connaissances techniques et m'entraîner avec rigueur pour obtenir un meilleur résultat. Il y a un mot d'une importance capitale auquel vous devez vous familiariser dans la quête de l'excellence ou du changement. Ce mot est d'une puissance absolue, il s'agit du mot **DISCIPLINE.** Même si vous avez toutes les compétences requises dans un domaine particulier et que vous n'êtes pas disciplinés dans ce que vous faites, alors vous ne pourrez pas exceller. J'ai vu des athlètes doués et capables de faire des choses extraordinaires, mais qui ont malheureusement omis de prendre en considération **la discipline** comme étant le pont de jonction entre le rêve et la réalisation. **La discipline** apporte la constance dans nos efforts. Si vous manquez de discipline, vous allez droit au mur et votre résultat sera affecté. Il m'est arrivé de manquer une fois de discipline dans ma carrière sportive et les conséquences ont été désastreuses. J'avais manqué des séances importantes, des séances d'endurance pour ainsi dire. Lors d'une course de 400 mètres, je terminai la course dans l'agonie, tellement j'avais trouvé la distance éprouvante. J'avais manqué évidemment de cardio pour prétendre être à la hauteur de mes attentes. Cette expérience m'a fait prendre conscience de l'importance d'être à cheval sur notre pratique même si nous avons toutes les qualités requises pour réussir.

Si vous consacrez plus d'efforts à votre vie, alors vous serez royalement servi par celle-ci.

Travailler son potentiel passe par une discipline farouche. Peu importe le milieu dans lequel nous nous trouvons, nous devons consacrer plus d'efforts à nous-mêmes. Le grand basketteur Michael Jordan, malgré ses aptitudes, s'entraînait beaucoup et sans relâche. Il était le premier à l'entraînement et il était le dernier à quitter le parquet. Pour maintenir son niveau, il avait fait construire un terrain de jeu dans sa demeure pour continuer à travailler et perfectionner son jeu. Si vous consacrez plus d'efforts à votre vie, alors vous serez royalement servi par celle-ci. Si vous faites le contraire, le prix à payer sera très important. Si je me réfère à ma course de 400 mètres, mon résultat m'a fait comprendre que je dois opter pour la **disciplinc** dans tout ce que j'entreprendrai dans ma vie (professionnelle, familiale, santé, financière). L'écrivain Rabindranath Tagore, le prix noble de la littérature en 1913 disait : **« Vous ne pouvez traverser un océan simplement en le contemplant »**. Vous devez vous mettre en marche en libérant de l'énergie ; cela passe par une détermination, une discipline et une grande persévérance. Le peintre Michel-Ange apportait son avis sur le sujet : « **Si les gens savaient à quel point j'ai dû travailler pour maitriser mon art, ils en perdraient toute admiration** ». Voilà le grand pouvoir de l'action mécanique, se mettre en mouvement, en action après avoir appliqué **l'auto-observation.**

Nous pouvons affirmer que les ingrédients de la réussite passent par une grande discipline, des connaissances, une planification, un sacrifice et une grande conception de soi-même.

Nous pouvons affirmer que les ingrédients de la réussite passent par une grande discipline, des connaissances, une planification, un sacrifice et une grande conception de soi-même. Cela ne veut pas dire que vous allez forcément réussir en suivant tout simplement la belle formule que je viens de vous donner. En réalité, vous devez faire preuve de **courage** et de **volonté** dans cette quête du succès et du changement. Vous allez prendre de sacrés coups comme un boxeur dans un ring. Vous allez devoir triompher des doutes, de certaines angoisses et essuyer quelques échecs ou frustrations. Le mot échec durant votre quête n'est pas le mot approprié. Ce sont juste des petites défaites, une façon de vous faire comprendre que vous devez revoir vos objectifs ou tout simplement apprendre des erreurs commises avant de repartir à nouveau. Il y aura toujours un temps d'arrêt dans votre progression; rien n'est continu. Malheureusement, cela suscitera probablement des découragements constants. Pour ceux qui auront compris que le doute et le découragement sont des énergies négatives qui attirent toujours des résultats négatifs, ils feront le nécessaire pour relever la tête. Il faut se convaincre que malgré les difficultés rencontrées, vous ne devez jamais baisser les bras ; voilà ce que j'appelle la grande **persévérance** ; se promettre de ne jamais baisser les bras malgré les obstacles. Si vous ne réagissez pas positivement à l'adversité, alors vous récolterez le véritable **échec**. On est souvent si prêt du but sans le savoir. Il suffit tout simplement d'insister, d'être déterminé pour finalement voir les portes s'ouvrir. Vous allez devoir vous accrocher encore et encore sans abdiquer car les choses imprévues de la vie vous feront face avec vivacité.

Ceux qui auront compris le processus deviendront des guerriers ou des guerrières de la

> Soyez prêt à donner votre vie pour ce qui vous inspire, pour ce qui vous revient.

vie, pas n'importe quel guerrier, un **samouraï.** Le guerrier **samouraï** est prêt à donner sa vie pour son Shogun (Empereur) ; votre Shogun, c'est **votre rêve**. Soyez prêt à donner votre vie pour ce qui vous inspire, pour ce qui vous revient. C'est un grand combat légitime de gagner la liberté de vivre son rêve. Prendre conscience que chaque rêve est une impulsion de la vie et que cela doit aussi se préparer là, maintenant, dans l'instant présent. **Le champ quantique** (Univers) est un puissant allié que nous devons consulter, non pas seulement lorsque nous nous sentons perdu, en difficulté ; nous devons le consulter dans le calme et le silence, avec foi, amour, compassion, paix, bienveillance tous les jours pour qu'il nous dirige et nous apporte une grande confiance absolue.

> Il y a à l'intérieur de nous **une force incroyable** qui dicte notre comportement, notre attitude et nos actions.

Imaginons maintenant que vous avez un rêve à réaliser ou vous voulez accroître la confiance en vous. Que devez-vous faire ? Vous devez agir comme un sportif de haut niveau qui désire participer à la compétition suprême. Cela commence par une solide confiance en soi, une haute conception de vous-même et un désir ardent. Ensuite vous devez vous voir atteindre cet objectif mentalement par **l'auto-observation.** Ne négligez absolument pas cette grande dimension de **l'auto-observation**. On pourrait dire que l'auto-observation est une dimension spirituelle. Elle n'a rien avoir avec une quelconque religion mais, elle est en relation avec une dimension profonde qui émane de votre **propre intérieur**. Je pourrais même affirmer qu'elle est le facteur qui contrôle votre devenir. Il y a à l'intérieur de nous **une force incroyable** qui dicte notre comportement, notre attitude et nos actions. Cette même force fait battre notre cœur, circuler notre sang, nous fait respirer à travers tout un processus complexe ; elle est réelle et subtile. Plus vous donnerez de l'importance à votre force (présence éveille) par **l'auto-observation**, plus vous serez bien guidé. Dans le cas contraire, votre succès sera limité et votre quête du changement n'aura pas d'issue. J'ai eu l'opportunité de travailler avec des personnes sur **l'auto-observation**. Après leur succès, ils ont malheureusement délaissé cette grande dimension. Quelques semaines plus tard, ils se sont retrouvés au point de départ, sans repère. Il est très important de construire une base solide avec cette dimension spirituelle. Le grand coach de vie, Zig Ziglar disait que : « l*a profondeur de votre esprit déterminera la grandeur de votre réussite* ». Cette concertation profonde avec vous-même, vous donnera un grand élan dans la suite de vos projets. Vous pourrez tout changer à condition d'agir par l'action. Vous allez devoir mettre en place votre **action mécanique** (planification) qui viendra soutenir l'action intérieure de **l'auto-observation.** L'auto-observation est puissante et unique. Il s'agit de vous, de cette force que vous devez allumer à chaque instant et à chaque fois que vous vous trouverez devant une difficulté ou un changement. Vous devez aussi l'entretenir tous les jours pour créer une confiance absolue. Vous deviendrez une personne optimiste, positive, enthousiaste, compatissante, joyeuse, bienveillante et créatrice de votre avenir. Vous verrez la vie non pas comme un combat mais plutôt comme une grande bénédiction, une opportunité incroyable dans laquelle vous pourriez entreprendre des choses extraordinaires. Tout le monde n'a pas cette chance d'être en vie et d'être en bonne santé. Il est tant de retrouver ce que vous avez perdu, là, dès maintenant. Vous avez dans vos mains un document puissant qui vous permettra de changer et obtenir certaines choses que vous désirez. Tout est possible à celui ou celle qui croit en son potentiel.

REMERCIEMENTS

Mes parents, Simon Douhou et José Doué.
Monsieur Aimé Laître,
Madame Maguy Nestoret,
Madame Marie-France Issac,
Monsieur Robert Poirier,
Monsieur Jean Poczobut,
Monsieur Gérard Lacroix,
Monsieur Touzeau,
Monsieur Pascal Gosman,
Monsieur Lebègue,
Monsieur Guy Flinois
Monsieur Daniel Mery,
Monsieur Éric Sarrazin,
Monsieur David Roch,
Monsieur Mario Berniqué,
Monsieur François Castonguay,
Monsieur Alain Belleville,
Monsieur Alexandre Krivine.

Les personnes citées ont contribué à l'évolution de ma carrière sportive et professionnelle. **L'auto-observation** a mis sur mon chemin des personnes importantes qui m'ont hissé vers le haut par leur grande expérience dans leur domaine respectif. En réalité, nous avons aussi besoin d'autrui pour réaliser nos objectifs. Dans chaque réalisation, il y a une ou plusieurs personnes cachées derrière le beau décor. Nous sommes dans un monde dans lequel nous sommes **interconnectés**. Le champ quantique peut nous permettre de rencontrer toutes les personnes qui partagent notre vision afin de créer une dynamique gagnante.

Je terminerai par cette phrase de Raymond Hull: **« Vous êtes capable seul de réussir beaucoup de choses. Avec la collaboration d'autrui, vous pouvez réussir n'importe quoi »**

Namasté à tous.

TABLE DES MATIERES

Éditions *dhArt*
Québec/Ontario, Canada, Novembre 2015
www.inaedad-rieasda.net/dhArtEditions
dhArt-Editions@inaedad-rieasda.net

Made in the USA
Monee, IL
04 November 2026

67375733R00079